hänssler

Hans-Joachim Eckstein

Glaube,
der erwachsen wird

Dr. Hans-Joachim Eckstein ist
Professor für Neues Testament
an der Evangelisch-theologischen
Fakultät der Universität Tübingen.

Hänssler
Bestell-Nr. 393.836
ISBN 3-7751-3836-6

6., neu bearbeitete Auflage 2002
Bisheriger Titel: »Erfreuliche Nachricht – traurige Hörer?
Gedanken zu einem ganzheitlichen Glauben«
© Copyright 1986 und 2002 by Hänssler Verlag,
D-71087 Holzgerlingen
Internet: www.haenssler.de
E-Mail: info@haenssler.de
Umschlaggestaltung: Ingo C. Riecker
Titelbild: August Macke (aus: »5555 Meisterwerke«,
Directmedia Publishing GmbH)
Druck und Bindung: Ebner & Spiegel GmbH
Printed in Germany

INHALT

Vorwort 9

Erfreuliche Nachricht – traurige Hörer? 12

Isoliert vom Leben 15

Das Wort vom Kreuz 19

Wer wird versöhnt? 22

Sühne als geschenktes Leben 25

Nachdenkenswert 29

In Christus 31

Voraussetzungslos und bedingungslos 34

Umsonst – d. h. im Glauben 37

Im Wir leben 41

Glauben heißt wissen 44

Sicher – oder »nur gewiss«? 47

Wenn Gott für uns ist 52

Abba, lieber Vater! 54

Als Töchter und Söhne Gottes 58

Die Grenzen des Vergleichs 62

Die Liebe ist nicht ohne Wahrheit 66

Ehrfurcht oder Angst? 69

Die Liebe der Beschenkten 74

Sein wie Gott 78

Von Christus her verstehen 83

Selbstverleugnung oder Selbstverwirklichung? . 88

Selbstmitteilung Gottes 91

Mitteilungsgeschehen 94

Wir teilen uns durch Worte mit 97
Beten um seinetwillen 100
Gemeinschaft als Ganzheit 103
Ideal oder Wirklichkeit? 106
Als Teil des Ganzen 109
Siebenundsiebzigmal Unrecht oder Liebe . . . 113
Wie ein Tropfen auf den heißen Stein? 116
Die Stärke der Schwachheit 119

VORWORT

Die Gedanken des vorliegenden Buches knüpfen an Diskussionen und persönliche Gespräche an, die ich mit jungen Erwachsenen im Zusammenhang mit Vorträgen und Seminaren geführt habe. Darin wurde immer wieder deutlich, wie stark auch das Glaubensverständnis von den Umbrüchen des Erwachsenwerdens – der Loslösung von den Abhängigkeiten der Kindheit und der Entwicklung der Eigenständigkeit – betroffen ist.

Es geht hierbei um die grundsätzliche Frage: Gibt es eine Form des christlichen Glaubens, die sich unter den Voraussetzungen dieser neuen Lebensphase als angemessen und echt erweist, oder ist jede Art zu glauben zwangsläufig ein unreifes Festhalten am »Kinderglauben«, ein Zurückfallen in die Unmündigkeit?

Die schwerwiegendsten Zweifel kommen häufig gerade denjenigen, die in ihrer Jugend eine religiöse Erziehung und eine feste Einbindung in christliche Kreise erfahren haben. Denn viele von ihnen empfinden ihre christliche Prägung keineswegs als Befähigung und Hilfe für ihr Leben, sondern eher als zusätzliche Belastung. Nachträglich erscheint ihnen die Zeit ihres »engagierten Glaubens« als eine Phase der Ängste, der Zwänge und des ständig schlechten Gewissens. Vor allem an sie, die mit der christlichen

Tradition wie sonst niemand vertraut sind, aber nur schwer einen neuen, von Vorurteilen freien Zugang zum Glauben finden, wende ich mich mit den folgenden Gedanken zu einer befreienden Lebensentfaltung »im Wir«.

In den einzelnen Artikeln werden zentrale Begriffe und grundlegende Aussagen des christlichen Glaubens aufgenommen und in Auseinandersetzung mit verbreiteten Missverständnissen entfaltet. Die Einbeziehung zwischenmenschlicher Erfahrungen und sozialpsychologischer Einsichten soll den persönlichen Zugang und die eigene kritische Auseinandersetzung erleichtern.

Bei der Auswahl der Themen wird keine systematische Geschlossenheit oder gar Vollständigkeit angestrebt; vielmehr sollen das Wesen und die Grundstruktur des Evangeliums – als einer »erfreulichen« und »guten« Nachricht – gerade an den Punkten aufgedeckt werden, die sich in Gesprächen und Diskussionen immer wieder als besonders missverständlich und schwierig erweisen.

Zweifellos wird den Lesern durch die konzentrierte Darstellungsweise und die Fülle der Gedanken viel Aufmerksamkeit abverlangt – weshalb einige sich schon an einen »Kleinen Katechismus« erinnert fühlten. Jedoch bilden die überschriebenen Abschnitte jeweils gedankliche Einheiten, so dass sie durchaus auch einzeln gelesen oder – bei Einbeziehung der biblischen Belege – eingehend erarbeitet werden können. Die Aufteilung in relativ kurze Artikel soll es zudem ermöglichen, die Texte als Grundlage für Gesprächskreise und Diskussionsrunden und als Anregung für Vorträge und Fortbildungen zu verwenden.

Das Buch ist denen gewidmet, die trotz enttäuschender Erfahrungen und abschreckender Beispiele bereit sind, die Suche nach einem befreienden und lebensbejahenden Glauben neu aufzunehmen.

Hans-Joachim Eckstein

ERFREULICHE NACHRICHT –
TRAURIGE HÖRER?

Das Evangelium von Jesus Christus ist – im wörtlichen Sinne – die »gute Nachricht« Gottes an uns Menschen, dass wir durch seinen Sohn in der Gemeinschaft mit ihm und miteinander leben können. Die traurige Wirklichkeit vieler ist allerdings, dass sie die Nachricht so erfreulich gar nicht finden können – nicht etwa, weil sie sich noch nicht damit befasst und darauf eingelassen hätten, sondern vielmehr, weil sie schon müde sind vom unentwegten, aber sie nicht bewegenden Hören.

Nun merken wir uns gegenseitig die Verlegenheit unserer Lage selten an, weil die Verschlossenheit vor Gott und voreinander zu den grundlegenden Problemen unseres Lebens zählt. In aller Regel suchen wir den Schein zu wahren, dass wir als Glaubende die Wirklichkeit des Glaubens auch erfahren.

Wenn aber unser Reden und unser Verhalten nicht mehr wahrhaftiger Ausdruck unseres Glaubens sind, sondern zum Ersatz für das Eigentliche werden, dann befinden wir uns bereits in einem heillosen Kreislauf. Die uneingestandene Enttäuschung über die eigene Situation wird trotz aller guten Vorsätze und festen Absichten nur noch größere Verzweiflung nach sich ziehen, und die unterdrückte Abneigung

gegen Gott und andere Menschen kann durch vorge-
spielte Liebe schließlich zum verzehrenden Hass
werden; der aussichtslose Kampf gegen sich selbst
wird gerade die vermeintlich Siegenden zu Verlie-
rern machen, und statt Freude und Lebensmut be-
herrschen am Ende verkrampfte Anstrengung und
Niedergeschlagenheit das Feld. Für den aber, dessen
Glaube so stark von Verdrängung und Zwang bestimmt ist, werden sich selbst die Formulierungen
des »Evangeliums« unter der Hand in »Gesetz« ver-
wandeln.

Diesem traurigen Zustand zwischen Unehrlich-
keit und Verzweiflung mag mancher dadurch ent-
kommen, dass er sich von der »Gesetzlichkeit« zu einer eher unverbindlichen und nachlässigen Haltung
dem Glauben gegenüber »befreit« und das Problem
der ungelösten Fragen einfach ruhen lässt. Doch
handelt es sich zweifellos bei beiden Wegen, mit der
beängstigenden Verlegenheit fertig zu werden, um
Formen eines – in jeder Hinsicht – unglaubwürdigen
Glaubens.

Als »glaub-würdig« kann der Glaube erst erscheinen, wenn es gelingt, eine Verbindlichkeit zu finden,
die nicht gesetzlich ist, und eine Freiheit zu entdecken, die nicht unverbindlich ist. Damit aber werden
wir bei der Suche nach einem wahrhaftigen Glauben,
der eine angemessene Antwort auf die »gute Nachricht« Gottes darstellt, zugleich auf die Frage der

Liebe verwiesen. Denn der Raum, in dem es für uns Menschen möglich ist, wirkliche Freiheit und uneingeschränkte Verbindlichkeit harmonisch zusammenzudenken, ist der Bereich der Liebe.

Nach dieser Liebe, zu der uns der Glaube befähigt, und nach diesem Glauben, der in Gottes Liebe gründet, lohnt es sich unbedingt zu suchen. Es lohnt sich – bei allen leidvollen oder auch oberflächlichen Erfahrungen –, so lange zu suchen, bis wir selbst sehen und begreifen, was dieses Wort von Jesus Christus eigentlich zum Evangelium macht – zur guten und erfreulichen Nachricht Gottes an uns Menschen.

ISOLIERT VOM LEBEN

Im Allgemeinen pflegt man das als »Sünde« zu bezeichnen, was zwar verboten, aber ausgesprochen reizvoll und verlockend ist. Vielleicht denkt man auch an die Übertretung eines von Gott gegebenen Gebotes oder bestimmt Sünde als schlechtes und unmoralisches Handeln. In jedem Fall wird damit jedoch nur unzulänglich beschrieben, was aus biblischer Sicht als entscheidendes und ausschlaggebendes Problem des Menschen gilt.

Vorrangig und grundsätzlich ist unter Sünde die *Trennung von Gott* zu verstehen, die Abwendung des Geschöpfes von seinem Schöpfer, die Absage des Menschen an den ihn liebenden Gott. Damit besteht die Sünde wesentlich in der Isolation des menschlichen »Ich« vom göttlichen »Du«, die als solche die personale Beziehung – also das »Wir« – zwischen Gott und Mensch ausschließt. Alle weiteren Aspekte der Sünde ergeben sich dann als Entfaltung und Konsequenz dieser Entfremdung und Trennung des Menschen von Gott.

Da Gott als Schöpfer alles Lebenden der Ursprung allen Lebens ist, beraubt der Mensch sich durch die Loslösung von Gott – in letzter Konsequenz – auch seines eigenen Lebens. Das gilt zunächst in dem Sinne, dass jedes menschliche Leben mit dem Sterben endet, aber auch so, dass der Mensch aufgrund seiner Sünde schon im Leben »tot« ist – nämlich in seiner Beziehung zu Gott. In diesem Zustand der Trennung von seinem wirklichen Leben verharrt er bis zu seinem absoluten und endgültigen Tod.

Da die Liebe bei Gott nicht nur eine Eigenschaft von vielen ist, sondern sein ganzes Wesen, ist er selbst Maßstab für das, was wir Liebe nennen, und ist selbst in Person *die* Liebe. Das aber hat zur Folge, dass der Mensch sich – indem er Gott und sein Wesen ablehnt – letztlich auch gegen die Liebe wendet. So äußert sich die *eine Sünde*, dass der Mensch getrennt von Gott und seiner Liebe lebt, auch darin, dass er aufgrund seiner »Lieblosigkeit« anderen und sich selbst durch *viele Sünden* schadet.

Wesentliches Merkmal und Erkennungszeichen jeder Sünde ist es also, dass sie von Gott trennt und Leben und echte Liebe einschränkt, gefährdet und zerstört. Umgekehrt kann dann nur das *nicht* als Sünde gelten, was in Verantwortung vor Gott und in Gemeinschaft mit ihm geschieht und andere und uns in der Entfaltung von Leben und Liebe fördert.

Dementsprechend kann etwas sehr »fromm« und »heilig« aussehen und dennoch Sünde sein, wenn es seinen Ursprung nicht in Gott hat und weder anderen noch uns zuträglich ist. Andererseits mag vieles gar nicht »fromm« aussehen, was für die Glaubenden (Röm 14,22f.) dennoch nicht Sünde ist, weil es weder Gott und seinem erklärten Willen widerspricht noch irgendjemandem schadet, sondern dankbar erlebt und in Liebe getan wird (vgl. Röm 14; 1 Kor 10,23ff.; 1 Tim 4,3–5).

Aus diesem personal geprägten und umfassenden Verständnis von der *einen* Sünde als Ursprung aller *einzelnen* ergibt sich auch die Schwierigkeit einer *moralischen* Bestimmung. Im Bild gesprochen stellt die Sünde als Trennung von Gott die *eigentliche Krankheit* dar, während die einzelnen Sünden und moralischen Vergehen als *Symptome* dieser zugrunde liegenden Krankheit zu verstehen sind. Zwar wirkt die *eine* Sünde sich in den Gedanken, Worten und Handlungen auch in moralischer Hinsicht aus, sie lässt sich aber keinesfalls anhand moralischer Begriffe schon hinreichend bestimmen und erklären. Denn die Symptome sind charakteristische Zeichen der Krankheit und als solche ernst zu nehmen, aber sie sind nicht die eigentliche Krankheit.

Die Sünde aufgrund der Unmoral erweisen zu wollen verbietet sich schon deshalb, weil auch der Mensch, der »losgelöst« von seinem Schöpfer leben will, als dessen Geschöpf dennoch die Fähigkeit und Verantwortung erhalten hat, andere Menschen zu lieben. So sind wir äußerst schlecht beraten, wenn wir – quasi als »Vorbereitung« auf die »frohe Botschaft« – zunächst die Zustände der »Welt« beklagen. Nicht nur, dass wir uns dabei in Hinsicht auf die Humanität und Liebe mancher Atheisten und angesichts moralischer Vergehen mancher »Frommer« selbst in Beweisnot bringen – viel schlimmer ist, dass wir »die Botschaft« damit gar nicht vorbereiten.

Die »gute Nachricht« Gottes handelt ja nicht von dem verzweifelten Zurückdrängen der *Folgen*, sondern von der wirksamen Aufhebung der *Ursache*. Denn was wir brauchen, ist nicht eine »Besserung« des Zustands unseres Todes, sondern *Leben*, ist nicht nur eine Änderung des Ich, sondern das *Wir* – mit Gott und miteinander.

DAS WORT VOM KREUZ

Wenn wir nach dem Inhalt des Evangeliums fragen, werden wir auf die Person Jesus Christus hingewiesen; denn das Evangelium *Gottes* (Röm 1,1f.; 15,16; vgl. Mk 1,14) ist das Evangelium von seinem Sohn (Röm 1,3f.9; Gal 1,7; vgl. Mk 1,1). Es teilt uns mit, wer Christus ist und wie Gott, der Vater, an und in ihm gehandelt hat und handeln wird. Dieses Handeln Gottes ist dabei so zentral und wesentlich mit dem Kreuz und der Auferstehung verbunden, dass wir das Evangelium als Ganzes auch als »Wort vom Kreuz« bezeichnen können (1 Kor 1,17f.).

Wenn aber Jesus Christus selbst – und zwar als der für uns Gekreuzigte – der eigentliche *Inhalt* und das *Zentrum* dieser guten Nachricht Gottes ist (1 Kor 1,23; 2,2; Gal 3,1; 6,14), dann ist er auch der *Maßstab* für jedes Denken und Reden über Gott, das wirklich Gott, den Vater Jesu Christi, und nicht irgendwelche »Götter« oder Gottesbilder meint. Was immer wir auch unabhängig von Christus über Gott wissen oder von ihm ahnen mögen, letztlich verbindlich ist für uns als Christinnen und Christen, was sich als glaubwürdige Entfaltung dieses *einen* Wortes Gottes an uns Menschen verstehen lässt.

Die neutestamentlichen Zeugen sehen im Kreuzesgeschehen den eindeutigen Erweis einer überwältigenden Liebe Gottes zu uns Menschen: Indem Christus nicht nur unverbindlich von der Liebe sprach, sondern bereit war, unter Einsatz seines eigenen Lebens konsequent an ihr festzuhalten, hat er gezeigt, wie grenzenlos und unbedingt seine Zuwendung zu uns ist (Joh 13,1; 15,12f.; 1 Joh 3,16; vgl. Gal 2,20; Eph 5,2.25b; Offb 1,5b).

Da in dieser Bereitschaft Christi, das eigene Leben für andere einzusetzen, gerade auch die Einstellung seines *Vaters* dieser Welt gegenüber deutlich wird, kann im Neuen Testament in gleicher Weise auf die Liebe Gottes, des Vaters, zurückgeschlossen werden (Joh 3,16; 1 Joh 4,9f.; Röm 5,8; 8,31f.; Eph 2,4ff.). Der Sohn kam ja nicht ohne das Einverständnis oder gar gegen den Willen des Vaters, sondern er wurde ausdrücklich von ihm selbst beauftragt und gesandt, die Schöpfung zurückzugewinnen. Aufgrund seiner *unbedingten* – d. h. uneingeschränkten – Liebe will Gott *unbedingt* – d. h. unter allen Umständen und um jeden Preis – mit seinen Menschen zusammen sein. Spätestens seitdem Gott nach allen »Boten« sogar seinen »geliebten Sohn« und damit das für ihn Wertvollste – gesandt hat, um uns zu erreichen (Mk 1,11; 9,7; vgl. Hebr 1,1ff.), ist dies zur Gewissheit geworden.

So spricht also gerade das Kreuz von der völligen Übereinstimmung zwischen dem Vater und dem Sohn, weil deren Einheit nirgendwo so anschaulich wird wie im Zusammenhang der Hingabe des Wertvollsten, des eigenen Lebens.

Diese umfassende Liebe Gottes ist das tragende Fundament unseres Glaubens; sie ist es, die das »Wort vom Kreuz« wirklich zur »guten Botschaft« macht.

WER WIRD VERSÖHNT?

Nun reicht es nicht, anhand des Neuen Testamentes aufzuzeigen, dass dieses Wort vom Kreuz als Wort von Gottes umfassender Liebe verstanden und entfaltet worden ist. Wir müssen vielmehr weiterfragen, welche Konsequenzen sich daraus für unser Verständnis von Gott ergeben. Denn häufig stehen ja gerade diese – durchaus vertrauten – biblischen Aussagen in Spannung zu unseren herkömmlichen Vorstellungen und inneren Bildern von Gott.

Bestand nicht zwischen Gott und uns vor dem Sterben Christi der Zustand beidseitiger Feindschaft, und galt uns nicht anstatt der Liebe Gottes vorher nur sein Zorn? Musste nicht Christus zunächst den Vater mit uns versöhnen, so dass die Zuwendung Gottes zu uns lediglich als das Ergebnis der Vermittlung Christi zu verstehen ist?

Betrachten wir zur Klärung dieser Widersprüche nun exemplarisch die beiden Stellen, an denen Paulus vom Versöhnungsgeschehen spricht, dann muss uns wundern, wie weit sich gängige Interpretationen von den Aussagen der Texte selbst entfernen können (Röm 5,1–11; 2 Kor 5,14–21).

Zunächst fällt auf, dass die im Kreuz vollzogene Versöhnung gar nicht Gott gilt, sondern uns. Christus musste nicht *Gott*, den Vater, mit uns versöhnen, sowenig der Vater selbst durch Christus *sich* mit uns versöhnen musste, sondern *uns* versöhnte der Vater von sich aus in Christus (2 Kor 5,18–20). Da somit die Versöhnung von Gott selbst ausgeht, kann von Feindschaft nur in Hinsicht auf unsere einseitige Ablehnung und Auflehnung Gott gegenüber gesprochen werden.

Gottes Einstellung zu uns erweist sich hingegen darin, dass Christus für uns sein Leben gelassen hat – für uns als die Schuldigen, die zum Frieden »Unfähigen« und gegen Gott »feindlich« Gesinnten (Röm 5,6–10). Wenn aber Gott selbst seine Feinde noch so grenzenlos liebt, dass er von sich aus alle Grenzen überwindet und unternimmt, was eigentlich den Schuldigen zukäme, dann ist seine Zuwendung nicht erst die Folge und das Ergebnis, sondern der eigentliche Grund und die Voraussetzung der Versöhnung. Denn nicht sich selbst musste Gott ändern, sondern *uns*; nicht *seine* Abneigung galt es zu überwinden, sondern *unsere* Feindschaft und *unsere* Trennung von ihm als dem Leben und der Liebe.

Von hier aus fällt auch Licht auf den – für uns heute leider recht missverständlichen – Begriff des »Zornes« Gottes. Unter Gottes Zorn haben wir seine entschiedene Ablehnung der Sünde zu verstehen; er hat auch da, wo er als »leidenschaftlich« beschrieben wird, mit menschlicher Wut und unbeherrschten Zornausbrüchen nichts gemeinsam.

23

Gerade weil Gott den *Sünder* liebt, wendet er sich konsequent gegen die *Sünde*, die den Menschen von Gott trennt und damit Leben und Liebe zerstört. Gerade weil Gott als Schöpfer seine Schöpfung nicht aufgegeben hat, kann er unsere Lieblosigkeit und Ungerechtigkeit, unsere Gleichgültigkeit und Ichbezogenheit nicht einfach übergehen.

Die Lösung des grundlegenden Problems des Menschen kann also nicht darin bestehen, dass Gott sein »Nein zur Sünde« aufgibt, denn dann hätte er damit auch den Sünder aufgegeben. Gott konnte sich nicht mit der *Sünde* versöhnen, aber er hat den *Sünder* mit sich versöhnt. So bedeutet Gottes Versöhnung in Christus, dass Gott in seinem »Ja zum Sünder« ihn freigemacht hat von der Isolation und Feindschaft, um deretwillen Gottes »Nein« erging.

SÜHNE ALS GESCHENKTES LEBEN

Um dieses »Wort von der Versöhnung« (2 Kor 5,19) besser zu verstehen und um zu ahnen, warum es uns ausgerechnet als das »Wort vom Kreuz« gegeben ist, sollten wir noch einen weiteren, entscheidenden Aspekt berücksichtigen. Bisher blieb nämlich bei unserer Betrachtung noch offen, warum die Versöhnung gerade mit dem »Blut« Jesu Christi zusammenhängt (Röm 3,25; 5,9; vgl. Eph 1,7; 1 Joh 1,7), inwiefern Christus selbst für uns »zur Sünde« gemacht worden ist (2 Kor 5,21; vgl. Gal 3,13) und weshalb wir durch sein Sterben »mit ihm gestorben« sind (2 Kor 5,14; vgl. Gal 2,19 f.; Röm 6,1ff.).

Die Tradition, die Paulus bei diesen Wendungen wie selbstverständlich voraussetzt, ist der Zusammenhang der alttestamentlichen kultischen Sühne. Dort ist zwar nur von der Vergebung der *versehentlich* begangenen Sünden die Rede (4 Mose 15,22–31); und sogar beim »großen Versöhnungstag« (3 Mose 16) kommt die Sühne allein dem Volk Israel – und noch nicht der ganzen Welt – zugute. Dennoch veranschaulicht gerade auch das alttestamentliche Opferverständnis schon, dass es sich bei dem Wort vom Kreuz um eine erfreuliche und befreiende Nachricht handelt.

Im Gegensatz zu vielen heidnischen Opfervorstellungen wird nämlich hier für das Darbringen des

»Sündopfers« vorausgesetzt, dass es Gott selbst ist, der in seiner Vergebungsbereitschaft Israel das Opfer geschenkt hat (3 Mose 10,17; 17,11). Nicht also der Mensch ergreift hier die Initiative, um Gott umzustimmen und ihn wieder zu versöhnen, sondern Gott schenkt dem Menschen in der Situation des selbstverschuldeten Schadens die Möglichkeit des neuen Lebens und der neuen Gemeinschaft, indem er, Gott, durch die Priester die Sühnung in seinem Namen vollziehen lässt und dem Schuldigen vergibt.

Nun könnte man den zentralen und wesentlichen Gedanken des Vergebungsgeschehens darin suchen, dass der Mensch von seiner Sünde getrennt wird, indem seine Schuld und der damit verbundene Schaden *beseitigt* werden. So sollen ja einmal im Jahr alle Verschuldungen des Volkes Israel über dem »Sündenbock« ausgesprochen und somit gleichsam auf seinen Kopf gelegt werden, so dass das Tier die ganze Last der Sünde aus der Gemeinschaft *fortträgt* – hinaus in die von Menschen unbewohnte Wüste (3 Mose 16,20–22). Doch geht es bei der Vergebung durch Gott um viel mehr als nur darum, ein Übel zu beseitigen und von einer Last zu trennen. Dementsprechend ist auch dieses »In-die-Wüste-Schicken« der Sündenschuld – als *ein* Ritus von mehreren – eingebettet in das umfassende Gesamtgeschehen des großen Versöhnungstages, zu dem vor allem auch die *Sündopfer* gehören.

Für die Darbringung des Sündopfers wird als Bestimmungsort aber gerade nicht die *Wüste* angegeben, sondern im Gegenteil der Bereich des *Heiligen*: der Brandopferaltar (3 Mose 4,22–31), der Vorhang vor dem Heiligen (4,1–21) und einmal im Jahr sogar der »Gnadenthron«, d. i. der »Sühneort«, über der Bundeslade (16,1ff.). Indem der Hohepriester das Blut des Tieres an dieses »Sühnmal« sprengt, wird es in Kontakt zu der Ebene gebracht, über der Gott selbst erscheinen will (16,2), um Israel in seinem Repräsentanten zu begegnen und mit ihm zu reden (2 Mose 25,22). In Gestalt des Blutes aber kommt das *Leben* des Tieres mit dem Ort der Gegenwart und Offenbarung Gottes in Berührung; denn das Blut wird im Alten Testament als der Träger des Lebens verstanden, das durch die Schlachtung freigesetzt wird (3 Mose 17,11.14).

Der tiefe Sinn dieser uneingeschränkten Berührung mit dem Heiligen und dieser *Lebenshingabe an Gott* wird erkennbar, wenn wir das andere Element der Opferhandlung beachten. Bevor nämlich das Tier geschlachtet wird, legt derjenige, der wegen seiner Sünde das Opfer darbringt, seine Hand auf den Kopf des Tieres (3 Mose 4,22–31). Durch dieses Handauflegen wird nicht nur – wie beim Sündenbock – *etwas* auf das Tier abgeladen, sondern der Opfernde überträgt *sich selbst*. Denn was an dem Tier stellvertretend – d. h. zugunsten des Menschen und an seiner Stelle – vollzogen wird, betrifft nicht nur einzelne Aspekte seiner Person, sondern ihn selbst in seinem ganzen Sein. Es soll nicht nur *etwas* an seiner Situation verändert werden, sondern *er selbst* soll durch die Sühne wesentlich erneuert werden. So ist es schon im Rahmen der alttestamentlichen Tradition das Geheimnis der von Gott geschenkten Sühne, dass sich der schuldig gewordene Mensch mit dem Tier und seinem Geschick identifizieren darf, damit das Sterben des Tieres als *sein* Sterben gilt und die Hingabe des Lebens an das Heilige *ihn selbst* mit Gott in »Berührung« bringt.

In dieser Stellvertretung vollzicht sich also, was eigentlich als unmöglich erscheint: Derjenige, der durch seine Trennung von dem Leben und der Liebe sein eigenes Leben verspielt hat und sich selbst aus der lebendigen Gemeinschaft mit Gott und mit anderen Menschen ausgeschlossen hat, wird durch »seinen« Tod hindurch hineingenommen in ein *neues* Leben, er wird »ent-sündigt« und versöhnt mit Gott.

NACHDENKENSWERT

Wenn es uns schwer fällt, die *Not-Wendigkeit* des Sterbens und der Auferstehung Jesu zu erklären, führen wir es oft auf unser neuzeitliches Denken zurück. Doch muss man nicht erst dem kultischen Geschehen und den alttestamentlichen Opferriten entfremdet sein, um diesem »Wort vom Kreuz« mit Fragen und Zweifeln zu begegnen. Der Gedanke, dass Gott selbst in seinem Sohn auf diese Welt gekommen ist, um stellvertretend für uns den Tod zu erleiden, erschien auch schon dem antiken Menschen als ausgesprochen anstößig und unvernünftig (1 Kor 1,18.23).

Der Anspruch des Evangeliums ist nicht, dass es etwas verkündet, was »selbst-verständlich« ist, sondern vielmehr, dass es etwas »Unerhörtes« mitteilt: »was kein Auge gesehen hat und kein Ohr gehört hat ...« (1 Kor 2,9). Sosehr das Wort von der Versöhnung auch mit Hilfe alttestamentlicher Traditionen und Verheißungen entfaltet und erklärt werden kann, sowenig wird es von Paulus selbst als das Ergebnis rein logischen Denkens und als das Produkt menschlicher Weisheit beschrieben (1 Kor 1,18 bis 2,16). Im Gegenteil, es ist das von Gott selbst aufgerichtete (2 Kor 5,19), von ihm offenbarte Wort (Gal 1,1.11f.; 2 Kor 4,6), das nach menschlichen Kriterien durchaus als

»Torheit« erscheinen mag (1 Kor 1,18ff.). Grundlegend für den Glauben ist also, dass das Kreuz Christi als *heilsnotwendig* erkannt wird – nicht als *denknotwendig*.

Wir können uns zwar fragen, ob Gott in seiner Größe nicht auch einen anderen Weg hätte finden können, um die Realität unserer Sünde und unseres Todes zu überwinden, als den seiner eigenen Menschwerdung und seines eigenen Leidens im Sohn – doch bleiben alle möglichen Antworten auf solche Fragen zwangsläufig spekulativ und letztlich unbefriedigend.

Andererseits rechtfertigt die Erkenntnis, dass wir bei unserem Bemühen, Gott zu denken, sehr schnell an unsere prinzipiellen Grenzen stoßen, keineswegs ein Misstrauen gegen das Denken selbst. Vielmehr zeigt uns gerade Paulus als der Verkündiger der »Torheit Gottes« (1 Kor 1,21.25) vorbildlich, was es bedeutet, Gottes Evangelium logisch zu entfalten und sein vorgegebenes Wort gedanklich zu durchdringen, d. h. ihm »nachzudenken«.

IN CHRISTUS

Erkennen wir, dass Paulus die Bedeutung des Kreuzesgeschehens auf dem Hintergrund dieser einzigartigen Sühnevorstellung des Alten Testaments erklärt, dann werden seine Argumente auch für uns leichter verständlich und seine Folgerungen logisch nachvollziehbar.

In Christus hat Gott die endgültige Sühne vollzogen, indem er nicht nur sein Volk, sondern die ganze Welt (2 Kor 5,19; Röm 1,16; 3,30; Gal 3,28), nicht nur die versehentlichen Übertreter des Gesetzes, sondern alle Menschen als »Gottlose« (Röm 4,5; 5,6), d. h. als willentliche »Sünder« (Röm 3,9.19.23; 5,8), mit sich versöhnt hat.

Lange bevor wir uns unsererseits mit unserem Stellvertreter »identifizieren« konnten, d. h., lange bevor wir Christus durch den Glauben als unseren Stellvertreter erkannt und als Herrn anerkannt haben, hat Jesus Christus seinerseits schon »seine Hand auf diese Welt gelegt«, um so mit uns in allem ganz eins zu werden – genauso wie das Opfer und der Opfernde im Sühnekult identisch werden. Aufgrund dieser Identifikation wurde er uns Sündern am Kreuz gleich – er wurde für uns »zur Sünde« (2 Kor 5,21), »zum Fluch« (Gal 3,13). Er starb für uns den Tod, der Folge *unserer* Trennung vom Leben war.

Damit aber ist auch *sein* Geschick zu dem *unseren* geworden, denn was an dem Opfer stellvertretend vollzogen wird, gilt ja entsprechend für den zu versöhnenden Menschen. Deshalb sind wir, als Christus für uns und an unserer Stelle starb, alle zugleich mit ihm gestorben (2 Kor 5,14) und an seinem Kreuz mit ihm gekreuzigt worden (Gal 2,19 f.; Röm 6,1ff.).

Aber im Kreuzesgeschehen ereignete sich noch wesentlich mehr! Schon bei der kultischen Sühne war der Opfervorgang mit dem stellvertretenden Sterben ja keineswegs beendet und abgeschlossen. Vielmehr wurde die eigentliche Sühne dadurch vollzogen, dass das Blut – als das stellvertretend dahingegebene Leben – mit dem Bereich des Heiligen in Berührung kam und somit der Mensch selbst – jenseits »seines« Sterbens – zu einem neuen Leben in Gottes Gegenwart gelangte. Wie es aber schon bei der kultischen Sühne nicht nur um die Beseitigung einzelner Sünden, sondern um die Überwindung der Sünde, nämlich der Trennung von Gott, ging, so sollte auch die stellvertretende Lebenshingabe Christi nicht im Tod als der endgültigen Trennung vom Leben enden.

Entsprechend ist gerade dies die entscheidende Grundlage unseres Glaubens, dass Gott diesen für uns gekreuzigten Jesus durch »unseren« Tod hindurch hineingenommen hat in die Gemeinschaft *seines* Lebens (Röm 4,24; 10,9). Denn Christus ist nicht nur »um unserer Sünden willen dahingegeben«, sondern auch »um unserer Rechtfertigung willen auferweckt« (Röm 4,25); er ist für uns gestorben und auferstanden, damit wir »nicht mehr uns selbst leben«, sondern dem, der uns durch seine Liebe gewonnen hat für sich und die Gemeinschaft mit dem Vater (2 Kor 5,14f.; Gal 2,20; Röm 7,4; 14,7–9; vgl. zum Ganzen auch S. 83–87).

»In Christus« – durch seine Stellvertretung und in seiner Gemeinschaft – haben wir jetzt schon teil an seinem Leben (Röm 6,4ff.; Gal 2,20) und sind in ihm schon jetzt ein Teil der »neuen Schöpfung« (2 Kor 5,17). In Christus werden wir auch durch unser leibliches Sterben die von ihm eröffnete Gemeinschaft nicht verlieren, sondern wie er in unserer Auferstehung teilhaben an Gottes ewigem Leben (1 Thess 4,14; Röm 8,11; 14,7–9).

VORAUSSETZUNGSLOS UND
BEDINGUNGSLOS

Es mag sich mancher fragen, ob es so wesentlich ist, dass wir Gottes Zuwendung zu uns als den eigentlichen *Grund* und die *Voraussetzung* des Kreuzes und nicht etwa als die Folge und das Ergebnis der Versöhnung erkennen. Macht es denn einen so großen Unterschied, ob Gottes Liebe uns schon als »Feinden« und »Sündern« gilt oder erst als seinen Freunden? Würde es nicht genügen festzuhalten, dass wir von Gott trotz unserer früheren Sünde infolge unseres Glaubens und unseres neuen Verhaltens angenommen und bejaht werden? Tatsächlich entscheidet sich aber gerade an dieser Alternative, ob wir die Nachricht von Gottes Liebe zu uns überhaupt als »Evangelium« hören.

Vielleicht ist uns in Hinsicht auf menschliche Beziehungen die Unterscheidung von »bedingter« und »unbedingter« Annahme aufgrund unserer eigenen Erfahrungen leichter nachvollziehbar. Wenn wir die Zuneigung eines anderen von unseren ansprechenden Eigenschaften und Reizen abhängig wissen, kommen uns Zweifel, ob die Liebe wirklich *uns* gilt oder nur bestimmten Aspekten unserer Persönlichkeit. Erfahren wir infolge unseres positiven Verhaltens und unserer Leistung Anerkennung, dann ahnen wir, dass diese Zuwendung nur so lange anhalten wird, wie wir erfolgreich bleiben.

Was aber ist dann mit den Stunden, in denen wir nicht stark, sondern hilflos, nicht attraktiv, sondern unscheinbar, nicht überdurchschnittlich, sondern mittelmäßig sind? Wir halten es nicht aus, uns ständig und überall produzieren zu müssen, um die Zuneigung zu erfahren, ohne die wir nicht erfüllt leben können. Es ist uns unmöglich, uns ununterbrochen zusammenzunehmen und in allen Beziehungen nur die Rollen zu spielen, die uns die Bestätigung durch andere garantieren. Wir können nicht allein von einer Liebe leben, die an Voraussetzungen und Bedingungen geknüpft bleibt – und damit letztlich nicht uns selbst, sondern nur Teile von uns meint.

Vielmehr gewinnen wir unsere Zuversicht, unsere Sicherheit und unser Glück aus Beziehungen, in denen wir uns bedingungslos und umfassend geliebt und anerkannt wissen. Wenn wir erleben, dass wir uns nicht erst durch unser Verhalten als »liebenswert« erweisen müssen, um Zuwendung zu empfangen, werden wir frei davon, uns nur von unseren Leistungen her zu verstehen und uns von unseren Erfolgen abhängig zu machen. Es gibt keine Voraussetzungen mehr, die wir in unserem Leben zuerst erfüllen müssen, um Anerkennung und Liebe zu gewinnen, sondern die Liebe selbst wird zur Voraussetzung und Grundlage unseres Lebens. Das »eigentliche« Lebensglück steht dann nicht länger in eine unbestimmte Zukunft hinein aus, sondern es kann hier und jetzt gewonnen und gestaltet werden. Auf diese Weise müssen wir nicht fortwährend der Anerkennung nachjagen und ständig neue Bedingungen erfüllen, von denen wir unser Glück abhängig machen, sondern wir können anfangen zu *sein*.

Wenn wir erleben, dass die Liebe eines anderen nicht nur unseren »liebenswerten« Seiten, sondern *uns selbst* umfassend gilt, bekommen wir den Mut, uns zunehmend auch mit unseren Schattenseiten auseinander zu setzen und uns zu sehen, wie wir wirklich sind. Wir müssen ja nicht länger fürchten, durch unsere Wahrhaftigkeit und Offenheit die Zuneigung wieder zu verlieren. Im Gegenteil, weil *wir* geliebt werden und nicht nur die Rollen, die wir spielen, kann es die Beziehung nur vertiefen, wenn wir dem anderen und uns nicht länger etwas vormachen, sondern ehrlich werden.

So bewirkt gerade die Liebe, die uns bejaht, wie wir sind, dass wir uns verändern, und die unbedingte Annahme bringt uns dahin, dass wir ihr zunehmend auch durch unser Verhalten entsprechen. Nichts ist für uns überwältigender als die Erfahrung uneingeschränkter Liebe. Sie ist – gerade indem sie voraussetzungslos und bedingungslos gilt – für uns so *folgenreich* und *prägend* wie kein anderes Erleben.

UMSONST – D. H. IM GLAUBEN

Nun stellt sich allerdings nur um so dringlicher die Frage, wie der Glaube – als die »Ant-wort« auf das Wort von Gottes unbedingter Annahme in Christus – zu verstehen ist. Stellt er nicht doch eine »Bedingung« dar, die der Mensch nun seinerseits erfüllen muss, um zur Gemeinschaft mit Gott zu gelangen?

Richtig gesehen wird mit dieser Frage, dass die Gemeinschaft mit Gott und das neue Leben in Christus überall im Neuen Testament mit dem Glauben verbunden werden: Es gibt kein Christsein ohne Glauben! Zutreffend ist auch, dass es der Mensch ist, der glaubt, denn der Begriff des Glaubens wird ja nicht in Hinsicht auf Gottes Haltung uns gegenüber gebraucht. Wenn wir allerdings den Glauben als die Voraussetzung verstehen, die wir als Menschen nun von uns aus, selbstständig und unabhängig von Gott erfüllen müssen, dann haben wir gerade die entscheidenden Aussagen des Evangeliums überhört.

Der Glaube ist nicht die Voraussetzung und Bedingung für die Gemeinschaft mit Gott, sondern die Art und Weise, in der Gott mit uns auf dieser Welt Gemeinschaft hat. Wir müssen nicht erst von uns aus glauben, damit Gott uns dafür das Leben gibt, sondern Gott schenkt uns beides: Glauben und Leben.

Indem wir glauben, haben wir bereits das Leben. Der Glaube selbst ist schon Geschenk. Der Glaube selbst ist schon Leben mit Gott – und gerade deshalb ist er unverzichtbar.

Um es bildlich zu sagen: Gott ist uns in Christus nicht neun von zehn Schritten entgegengekommen, so dass wir nun den *einen* Schritt von uns aus und allein auf ihn zuzugehen hätten, indem wir an ihn glauben, sondern er kam uns alle zehn Schritte entgegen, damit wir jetzt jeden unserer Schritte, den wir gehen sollen, mit ihm zusammen – das heißt: »im Glauben« – gehen können.

Denn wäre es anders und gäbe es auch nur *einen* Schritt, den wir ohne Gott zu gehen hätten, dann würde das ganze Versöhnungsgeschehen in Christus an diesem unserem Beitrag scheitern. Selbst wenn wir keine »Werke« als Leistung zu erbringen hätten, sondern nur von uns aus Gott zu bejahen und ihn dankbar zu lieben hätten, würden wir gerade an dieser Forderung zerbrechen. Wie viele Menschen sind schon »am Glauben« verzweifelt, weil sie davon ausgingen, dass sie von sich aus nur den Willen aufzubringen hätten – und nicht wussten, wie sie dahin kommen, dass sie wirklich wollen. Ihnen wäre es wohl leichter gefallen, sich bei Gott durch Taten und Leistungen Verdienste zu erwerben, als ihn »nur« zu lieben.

Wir sollten uns als Glaubende davor hüten, die Unverzichtbarkeit des Glaubens auf eine Weise zu beschreiben, die andere nur auf die Unerreichbarkeit des Glaubens schließen lässt. Man kann den Vorgang des Beschenktwerdens auch so verkomplizieren, dass das Annehmen des »bedingungslosen« Geschenkes zum eigentlichen Problem wird. Dann gewinnt der Empfänger den Eindruck, als hätte er sich durch sein Verhalten die »voraussetzungslose« Zuwendung erst zu verdienen, als müsse er durch seine Haltung auf eine ganz subtile Weise die Kosten für das »kostenlose« Geschenk selbst aufbringen.

Demgegenüber wird im Neuen Testament durch den Verweis auf den Glauben gerade der Geschenk-charakter des neuen Lebens unterstrichen: »Aus Gnade seid ihr gerettet worden durch den Glauben, und das nicht aus euch: Gottes Gabe ist es« (Eph 2,8; s. 2,4–10). So gehört der Glaube ausschließlich auf die Seite der *Gnade* und nicht – wie die »Werke« – auf die Seite von Leistung und Verdienst (s. vor allem Röm 3,21ff.; 4,1ff.; 5,1f.; Gal 2,16; 3,1ff.).

Den Beginn unseres Glaubens sehen wir als Glau-bende deshalb nicht darin, dass wir von uns aus Gott gesucht haben, sondern darin, dass er uns gefunden hat. Nicht weil wir nach Gott gerufen haben, wurden wir erhört, sondern weil Gott uns berufen hat, ka-men wir dazu, Christus als unseren Herrn anzurufen (Röm 8,28–30; vgl. Eph 1,3–12; 2 Thess 2,13–17; 2 Tim 1,9). Da wir aber von Gott durch andere Men-schen angesprochen werden, wenn sie uns das Wort von der Versöhnung mitteilen (2 Kor 5,20; 1 Thess 2,13), können wir sagen, dass der Glaube uns bei der Verkündigung geschenkt wird – vorausgesetzt, es ist wirklich das Wort Christi, also das Evangelium, das uns zugesprochen wird (Röm 10,17; Gal 3,2.5).

Da Gott mit dem Kreuzesgeschehen Christi alles getan hat, um unsere Gemeinschaft mit ihm zu begründen, und da *er* es auch ist, der bei der Mitteilung des Evangeliums durch seinen Geist in uns den Glauben bewirkt, wird gelegentlich gesagt, dass wir Menschen in unserem Glauben Gott gegenüber »passiv« sind. Der Ausdruck mag als zutreffend gelten, falls wir mit dem Begriff »Passivität« vor allem den Aspekt des Empfangens und des Beschenktwerdens bezeichnet sehen; er ist aber völlig irreführend, wenn wir damit den Gedanken an ein untätiges, duldendes und teilnahmsloses Verhalten verbinden.

Die ersten Äußerungen unseres Glaubens sind vielmehr, dass wir uns Gott willentlich und bewusst zuwenden und ihm antworten, dass wir uns eingehend mit den Aussagen des Evangeliums befassen und unser ganzes Leben von Christus her neu begreifen. So gesehen ist der Mensch, wenn er zu glauben beginnt, nicht etwa *passiv*, sondern ausgesprochen *aktiv*. Er wird in seiner Beziehung zu Gott sogar in einer Weise »lebendig«, dass das Entstehen des Glaubens geradezu als eine »neue Geburt« (Joh 1,12f.; 3,3ff.; Tit 3,4ff.; 1 Petr 1,3ff.23) oder auch als »Auferstehung von den Toten« (Eph 2,4ff.; 5,14; vgl. Joh 5,24; 11,25f.) verstanden werden kann.

Dass Gott uns die Gemeinschaft mit sich voraussetzungslos schenkt, bedeutet also keinesfalls, dass er uns nur als willenlose Werkzeuge gebraucht und wir wie Marionetten – passiv erduldend – von ihm bewegt werden. Er sieht uns nicht als ein »Etwas« an, sondern betrachtet uns als eigene Persönlichkeiten; er hat zu uns nicht eine »Ich-Es-Beziehung«, sondern spricht uns als persönliches Gegenüber, d. h. als »Du«, an.

So ist also bei der Bestimmung des Glaubens beides zu betonen: Einerseits gibt es keine Bedingung, die wir als menschliches »Du« von uns aus und unabhängig von Gott erfüllen müssen, um das neue Leben zu gewinnen – es ist ganz und gar *Geschenk* Gottes, *Gabe* des himmlischen »Ich« an das menschliche »Du«; andererseits sind wir als Beschenkte nicht etwa passiv – im Sinne von untätig und teilnahmslos –, sondern werden gerade durch den Glauben *lebendig* und *aktiv*. Wir sind als Glaubende nicht »Objekt« eines unpersönlichen Wirkens Gottes, sondern werden im Gegenteil von Gott als eigenes »Subjekt« und persönliches »Du« ernst genommen.

Beide Aspekte aber lassen sich mit dem uns vertrauten Gegensatzpaar von Ich und Du gedanklich kaum vereinbaren. Denn bei dem Gegensatz von Ich und Du wird die Entfaltung des Ich immer als Einschränkung des Du verstanden, und was das eine Subjekt verursacht, kann nicht zugleich dem anderen zugeschrieben werden. So verfallen wir dann bei der

Beschreibung des Glaubens leicht in den entscheidenden Fehler, einerseits von Gottes Wirken zu reden und andererseits unvermittelt von dem zu sprechen, was wir als Glaubende selbst zu tun haben.

Glaube – im Sinne des Evangeliums – ist dagegen nur als *Wir-Beziehung* zu verstehen, weil er als die Gemeinschaft zwischen Gott und Mensch immer zugleich das »Ich« und das »Du« zum Subjekt hat. Gerade weil Gott uns liebt, werden wir fähig, selbst zu lieben; gerade indem Gott durch Christus in uns lebt, können wir mit ihm und für ihn leben. So stellt sich *im Wir* gar nicht mehr die Frage, was von uns selbst – nämlich unabhängig von Christus – als Beitrag zum Glauben erwartet wird, sondern es interessiert allein, was Gott in uns gestalten will und wie wir Menschen unser neues Leben durch ihn und mit ihm entfalten können.

Genau genommen lässt sich dieses Verständnis vom Glauben nur in Sätzen formulieren, die neben dem Menschen zugleich – und im tieferen Sinne – Christus selbst zum Subjekt haben. Demgemäß beschreibt auch Paulus seine neue, durch Christus bestimmte Existenz mit den Worten: »Ich lebe; doch nun nicht ich, sondern Christus lebt in mir. Denn was ich jetzt lebe im Fleisch (d. h. in meinem irdischen, vergänglichen Leben), das lebe ich im Glauben an den Sohn Gottes, der mich geliebt hat und sich selbst für mich dahingegeben« (Gal 2,20; vgl. Röm 15,17f.; 1 Kor 15,10).

GLAUBEN HEISST WISSEN

Dass der Glaube nicht nur in einer menschlichen Einstellung und Haltung Gott gegenüber besteht, sondern selbst schon das Leben des Menschen *aus Gott* und *mit Gott* darstellt, haben wir als das eigentliche und wichtigste Kennzeichen des »christlichen«, d. h. in Christus begründeten, Glaubens verstanden. Allerdings lassen sich andere Bedeutungen, die der Begriff nach dem allgemeinen Sprachgebrauch hat, bei der Beschreibung der Äußerungen und Auswirkungen des Glaubens durchaus einbeziehen.

So ist es ein wesentlicher Bestandteil unseres Glaubens, dass wir das Evangelium als das Wort von Gottes Handeln in Christus »für wahr halten«. Wir *glauben, dass* Gott den für uns gestorbenen Herrn Jesus Christus von den Toten auferweckt hat (Röm 10,9b; 1 Kor 15,3ff.). Dabei geht es freilich nicht um eine nur theoretische Erkenntnis oder ein uns nicht betreffendes Wissen über Gott, sondern vielmehr darum, dass wir »*ihm* glauben«, wenn er es uns in seinem Wort vom Kreuz mitteilt. Wir sollen »Gott glauben«, dass er in Christus die Welt – und damit auch uns – mit sich versöhnt hat und Christus »um unserer Übertretungen willen« gestorben und »um unserer Rechtfertigung willen« auferstanden ist (Röm 4,24f.; vgl. 8,10f.).

Wenn wir aber verstehen, dass es Gott beim Erweis seiner Liebe um *uns* geht, und wenn wir ihm somit »aufs Wort glauben«, dann können wir nicht anders, als im umfassenden Sinne »*an* ihn zu glauben«. Wir erkennen nicht nur, dass Christus als »Kyrios«, als »Herr«, der ganzen Welt und der Geschichte eingesetzt ist (Phil 2,9–11; Apg 2,36; vgl. Eph 1,20ff.; Kol 1,15ff.; 2,9f.), sondern wollen ihn auch persönlich als Herrn anerkennen (Röm 10,9a; Phil 2,10f.; 1 Kor 12,3).

Wir wollen ihm »vertrauen« – ungeachtet allen eigenen Versagens und trotz unserer Zweifel und offenen Fragen; ihm können wir es »zutrauen«, dass er uns aufgrund seiner Liebe bei sich hält; denn indem wir an ihn glauben, haben wir uns ihm »anvertraut«.

Während mit all diesen Wendungen die verschiedenen Teilaspekte des Glaubens zutreffend beschrieben werden können, ist *eine* geläufige Bestimmung von »Glauben« für unseren Zusammenhang völlig unzureichend. Wenn man nämlich von »glauben« spricht, um hervorzuheben, dass man etwas lediglich »annimmt« und »vermutet«, aber keineswegs sicher weiß, dann handelt es sich um einen dem neutestamentlichen Verständnis gerade entgegengesetzten »Glaubensbegriff«.

Der christliche Glaube ist sich seiner Sache nämlich durchaus sicher. Was ihn vom sonstigen menschlichen Wissen unterscheidet, ist nicht etwa der Mangel an Gewissheit, sondern lediglich die Weise, in der diese Gewissheit zustande kommt. Zum Glauben an Christus kommt es nicht aufgrund von »Erfahrungen« und »Beweisen«, sondern allein dadurch, dass uns Gott durch sein Evangelium anspricht und uns seine Liebe zuspricht.

Folglich wird auch als Gegensatz zum »Glauben« nicht etwa das »Wissen«, sondern das »Schauen« genannt (2 Kor 5,7). Wir sind als Christen davon überzeugt, *dass* Gott ist und dass er *für uns* ist, aber wir können dieses Wissen nicht aus der Geschichte – unabhängig von Christus – ableiten. Aufgrund des Evangeliums vertrauen wir fest darauf, dass sich Gott mit seiner Liebe und Gerechtigkeit in dieser Welt endgültig durchsetzen wird, aber wir nennen diese Gewissheit »Hoffnung«, weil sie noch nicht »augenscheinlich« und »offensichtlich« ist (Röm 8,24f.; vgl. Joh 20,29; 1 Petr 1,8; Hebr 11,1).

So sprechen wir, wenn wir als Glaubende vom »Glauben« reden, nicht etwa von dem, was wir lediglich »annehmen« oder »vermuten«, sondern von dem, was wir so sicher »wissen«, dass wir darauf unser Leben gründen (s. Röm 4,16ff.; Hebr 11).

Der Glaube ist sich seiner Sache gewiss – und diese Gewissheit kann als ein grundlegendes Merkmal der sich auf Christus gründenden Hoffnung gelten. Für viele ist damit aber noch nicht geklärt, inwiefern sich der Glaube auch seiner selbst gewiss sein kann.

Können wir wissen, ob wir selbst im Sinne des Evangeliums gläubig sind, oder bleibt die Frage, ob wir Christen sind, letztlich bis zu unserem Tode offen? Können wir davon ausgehen, dass uns die neue Existenz von Gott bleibend geschenkt worden ist, oder müssen wir fürchten, dass wir sie vielleicht doch wieder verlieren?

Nun haben wir als Glaubende freilich mit vielen ungeklärten Fragen zu leben und manche Widersprüche auszuhalten, die wir gedanklich nicht befriedigend auflösen können; darüber aber, ob wir selbst »dazugehören« oder ob die Zuwendung Gottes sich womöglich nur auf andere bezieht, dürfen wir keinesfalls im Zweifel gelassen werden. Denn wenn die Frage nach der eigenen Gewissheit offen bleibt, dann ist nicht nur ein Teilaspekt des Glaubens, sondern der Glaube insgesamt betroffen.

Das Bewusstsein, dass wir persönlich bleibend im Glauben leben können, gehört gerade wesentlich zu der »Sache«, deren sich der Glaube gewiss sein darf. Was unseren Glauben ausmacht, ist ja nicht die allgemeine Annahme, »*dass* Gott ist«, sondern die in Christus begründete Überzeugung, »dass Gott *für uns* ist«.

Die Erkenntnis, dass der Glaube selbst schon als das bewusste Leben aus Christus und mit Christus zu verstehen ist, erschließt zugleich die entscheidende Begründung für die eigene Gewissheit des »Heils«. Danach beginnt das »ewige Leben« nicht erst zu einem Zeitpunkt jenseits unseres Sterbens, sondern gegenwärtig, indem wir an Christus und seinem Leben teilhaben (1 Joh 5,11–13; Joh 3,16; 5,24; 20,31). Über unser Schicksal wird somit nicht erst nach unserem Leben und aufgrund unseres gelebten Lebens entschieden, sondern Gott hat bereits aufgrund seiner Liebe zu unseren Gunsten entschieden und uns durch den Glauben zu sich gezogen (Joh 6,37; 15,16; 17,2.6ff.).

Wenn es nämlich stimmt, dass niemand von sich aus zu Christus kommen will oder kann, es sei denn, dass Gott ihn aus Liebe dazu befähigt und bewegt (Joh 6,44.65; 15,16), dann gilt logischerweise auch umgekehrt, dass Christus niemanden ablehnt oder verstößt, der zu ihm kommt (Joh 6,37)! Jeder, der an Christus glauben will, darf zu ihm kommen; denn sein Suchen und Wollen sind bereits Ausdruck für Gottes Wirken an ihm. Die Frage, ob wir selbst schon genug und richtig glauben, tritt dann zurück, wenn wir erkennen, dass der menschliche Glaube nicht Gottes Liebe und Zuwendung erst auslösen muss, sondern sie als schon lange bestehend und gültig erkennen darf. Wir brauchen von uns aus keine große Liebe und keinen großen Glauben hervorzubringen, um Gott zu beeindrucken, sondern im Glauben an Christus werden wir überwältigt von der Größe der Liebe Gottes. Die entscheidende Größe des Glaubens beruht in der Größe dessen, was er erkennt – nämlich die grenzenlose Liebe und Treue Gottes –, und nicht in der Stärke des eigenen Wollens und Vertrauens. Wer zu Christus kommt, begreift, dass er von Gott bereits ergriffen ist!

Insofern haben wir als Glaubende das »Gericht«, das über Tod und Leben entscheidet, durch Christus schon hinter uns und sind schon in der Gegenwart »aus dem Tod ins Leben hinübergeschritten« (Joh 5,24) – und das nicht etwa vorbehaltlich, sondern bleibend (Joh 6,39; 10,28–30). Da Christus selbst »die Auferstehung und das Leben« ist, bedeutet die Verbundenheit mit ihm, dass wir das neue Leben, das er uns gegeben hat, auch dadurch nicht verlieren können, dass wir leiblich sterben; als an Christus Glaubende werden wir wohl *sterben* – aber wir werden *nicht tot sein* (Joh 8,51; 11,25f.)!

Diese eindeutigen Aussagen über das befreiende »Wissen« der Glaubenden versucht man allerdings gelegentlich dadurch einzuschränken, dass man zwar die Berechtigung der »Heilsgewissheit« (lat. *certitudo*) einräumt, aber eine »Heilssicherheit« (lat. *securitas*) entschieden ablehnt. Man will damit wohl nicht nur das traurige Phänomen erklären, dass sich immer wieder »Glaubende« offensichtlich doch vom »Glauben« distanzieren, sondern vor allem einer falschen Sicherheit und Überheblichkeit wehren.

Mit dieser Unterscheidung wird jedoch eher das Missverständnis gefördert, dass uns das neue Leben nur *auf Bewährung*, vorbehaltlich zugesprochen sei und wir um unsere Zugehörigkeit zu Gott nicht »wissen«, sondern besser fürchten sollten. Zudem »verunsichert« die Wendung: »*nicht sicher*, sondern *nur gewiss*!« aller Erfahrung nach gerade diejenigen, die in ihren Selbstzweifeln und Ängsten alles andere als »Ermahnung« brauchen.

Der Unterschied zwischen der berechtigten und für den Glauben unentbehrlichen »Heilsgewissheit« und der zu kritisierenden falschen Sicherheit liegt nicht im Grad des Wissens und der Überzeugung, sondern allein in deren Begründung und Voraussetzung. Unsere Hoffnung gründet nicht darin, dass *wir Christus* ergriffen haben, sondern darin, dass *er uns* ergriffen hat, damit wir nun unsererseits nach ihm greifen (Phil 3,12) – doch was uns dann im Zweifelsfalle hält, ist allemal *sein* Griff (vgl. Röm 14,4; 1 Kor 1,4–9; 1 Petr 1,3–5; Joh 10,28–30). Unsere Heilsgewissheit ist also nicht ein Ausdruck unseres Selbstbewusstseins, sondern die Konsequenz unseres *Christusbewusstseins*!

Selbstverständlich äußert sich unser Vertrauen zu Gott darin, dass wir auch unsererseits für ihn vertrauenswürdig und ihm gegenüber treu sein wollen, aber was uns in Hinsicht auf unsere Zukunft zuversichtlich und geborgen sein lässt, ist die Gewissheit, dass *er* treu ist – selbst wenn wir versagen (2 Tim 2,11–13; 1 Joh 1,9–2,2). Unseres Glaubens gewiss sind wir also allein dadurch, dass wir nicht nur die Voraussetzungen unseres Glaubens, sondern auch die Entfaltung unseres neuen Lebens als *sein* Geschenk erkennen (1 Thess 5,24; Phil 1,6; Röm 8,28–30).

So haben wir tatsächlich keinerlei Anlass zu überheblicher *Selbstsicherheit*, aber allen Grund zum sicheren und nicht nur – falls man es denn als Einschränkung versteht – »gewissen« *Vertrauen in die Treue Christi*. Denn selbst wenn es irgendwelchen Einflüssen gelingen sollte, uns vorübergehend unser*en* Herrn wegzunehmen, wird es ihnen nicht gelingen, uns unser*em* Herrn wegzunehmen (Röm 8,31–39).

WENN GOTT FÜR UNS IST
ÜBERSETZUNG VON RÖMER 8,28–39

Wir wissen aber: Gott hilft denen, die ihn lieben, in allem zum Guten, d. h. zu ihrem endgültigen Heil, denen, die ja nach seinem Ratschluss – und damit nach seinem Willen und Entschluss – berufen sind. Denn die er ausersehen hat, die hat er auch dazu vorherbestimmt, dem Bild und Wesen seines Sohnes gleichgestaltet zu werden, so dass er der »Erstgeborene« – d. h. als der Erste und in einzigartiger Stellung – unter vielen Brüdern und Schwestern sei.

Die er aber vorherbestimmt hat, die hat er auch berufen; und die er berufen hat, die hat er auch gerecht gemacht; die er aber gerecht gemacht hat, die hat er auch »verherrlicht« – d. h., die lässt er endgültig an seiner Herrlichkeit teilhaben.

Was sollen wir nun dazu sagen? Wenn Gott für uns ist, wer kann dann gegen uns sein? Er, der sogar seinen eigenen Sohn nicht verschont, sondern ihn für uns alle dahingegeben hat, wie sollte er uns mit ihm nicht alles schenken?

Wer sollte Anklage erheben gegen die Auserwählten Gottes? Gott ist es, der gerecht erklärt und freispricht! Wer sollte zum Tode verurteilen? Christus Jesus, der – für uns – Gestorbene, ja mehr noch der

Auferstandene, er ist zur Rechten Gottes, und er tritt für uns ein!

Wer sollte uns von der Liebe Christi trennen können? Trübsal oder Bedrängnis oder Verfolgung oder Hunger oder Blöße oder Gefahr oder Schwert? Wie geschrieben steht: »Um deinetwillen werden wir getötet den ganzen Tag, wie Schlachtschafe sind wir angesehen.«

Aber in dem allen tragen wir einen überwältigenden Sieg davon und triumphieren durch den, der uns geliebt hat. Denn ich bin völlig gewiss, dass weder Tod noch Leben, weder Engel noch Gewalten, weder Gegenwärtiges noch Zukünftiges noch Mächte, weder Höhe noch Tiefe, noch irgendeine andere Kreatur uns trennen kann von der Liebe Gottes, die in Christus Jesus ist, unserem Herrn.

ABBA, LIEBER VATER!

Dass unsere neue Beziehung zu Gott auf seiner uneingeschränkten Zuwendung zu uns beruht, spiegelt sich besonders deutlich in unserer persönlichen Anrede Gottes mit »Vater« wider. Dabei ist das aramäische Wort »abbạ« eindeutiger als unsere Anrede mit »Vater« Ausdruck des Vertrauens und der innigen Verbundenheit, weil es von seinem Ursprung her – wie bei uns »Papa« – als die erste, lallende Anrede des Kleinkindes zu verstehen ist. Auch wenn die Verwendung von Abba später zusätzlich Ausdruck des Respekts werden konnte, kam der Begriff für die Umwelt Jesu wegen seines familiären, kindlichen Klanges als Bezeichnung für Gott nicht in Frage.

Indem wir nun als Christinnen und Christen Gott so ansprechen, wie es nur Jesus Christus in seiner einmaligen Beziehung zum Vater von sich aus tun konnte (Mk 14,36), handeln wir nicht allein in seinem *Sinne* – denn er hat seine Jünger gelehrt, Gott mit »Unser Vater« anzurufen (Lk 11,1ff.; Mt 6,9ff.) –, sondern zugleich »in seinem *Geist*« (Röm 8,15; Gal 4,6). Unsere Kindschaft ist nämlich darin begründet, dass er selbst als der Sohn Gottes durch seinen Geist in uns wohnt und uns gerade dadurch ebenfalls zu Töchtern und Söhnen Gottes macht. So wird für uns die persönliche Anrede Gottes mit Abba zum Zeichen dieser Gegenwart des Geistes seines Sohnes – und dessen Gegenwart in uns zur Bestätigung und Garantie dafür, dass wir bleibend Gottes Kinder sind (vgl. Röm 8; 2 Kor 1,22; 5,5).

Da diese Zugehörigkeit zu Gott uns als neue Existenz völlig vorbehaltlos geschenkt wird, haben wir allen Grund, in Gott nicht einen distanzierten und autoritären oder gar an uns uninteressierten Vater, sondern den uns unbedingt liebenden Abba zu erkennen. Unser Problem besteht allerdings darin, dass unsere so genannten »christlichen« Anschauungen über Gott häufig viel stärker durch negative menschliche Erfahrungen und Traditionen bestimmt sind als durch Christus selbst. Weil wir zutiefst geprägt sind durch die Beziehungen und Begegnungen unserer Kindheit, trägt unser Bild von Gott als Vater allzu leicht die Züge unserer Väter.

Falls uns durch deren Zuwendung vor allem Geborgenheit, Zuversicht und Selbstwertgefühl vermittelt worden sind, kann uns das Erleben dieser menschlichen Zuneigung durchaus dazu verhelfen, dass wir die zentralen Inhalte des Glaubens besser verstehen und leichter nachvollziehen können. Unsere konkrete Erfahrung menschlicher Liebe, die zwar unvollkommen, aber »sichtbar« ist, wird dabei zum Bild und Gleichnis für die Liebe Gottes, die zwar »unsichtbar«, aber vollkommen ist.

Wenn wir jedoch unsere Väter vorrangig als bedrohend, einschränkend und ablehnend erlebt haben, wird die unwillkürliche und unbewusste Verknüpfung unserer Vorstellungen und Empfindungen hingegen verheerende Folgen haben: Anstatt unsere menschlichen Beziehungen vom Glauben her neu zu gestalten und negative Erfahrungen mit menschlichen Autoritäten im Bewusstsein der Zuwendung Gottes zu uns allmählich zu bewältigen, werden wir aufgrund unserer Prägung alle Aussagen über Gott unserem eigenen »Gottesbild« entsprechend umdeuten und verdrehen.

Dann aber führt für uns kein Weg daran vorbei, uns ganz bewusst mit den verinnerlichten Botschaften und Forderungen unserer Väter auseinander zu setzen, damit wir uns wirklich von Gott und nicht von irgendwelchen Gottesbildern bestimmen lassen. Dann gilt es, alle Stimmen und Gedanken, die wie Eltern zu uns sprechen, kritisch zu hinterfragen, bis wir den Geist des Vaters Jesu Christi unterscheiden lernen von dem Geist ganz anderer Väter. Sogar wenn wir mit Hilfe der Guten Nachricht Christi wirklich auf *Gottes* Reden hören wollen, erhebt sich noch die Frage, ob wir nicht etwas anderes verstehen, als er sagt.

Für viele von uns ist dementsprechend das kindliche, vorbehaltlose Vertrauen zu Gott durchaus nicht Kennzeichen des »jungen« Glaubens, sondern vielmehr Ergebnis eines langen Entwicklungsprozesses und Ausdruck der Reife. Denn wenn wir erkennen, dass die Voraussetzungen unseres Glaubens zugleich das Ziel unserer Entfaltung sind, werden wir lernen, das, was Christi Geist von Anfang an in uns als Gottes Kindern betet (Röm 8,14–16.26f.), in immer umfassenderem und tieferem Sinne mitzusprechen: »Abba, lieber Vater!«

ALS TÖCHTER UND SÖHNE GOTTES

Indem wir Gott als Vater anrufen und uns als seine Kinder bezeichnen, verstehen wir den Glauben an Christus als eine personale und ganzheitliche Beziehung. Da sich aber bei der Vorstellung des Vater-Kind-Verhältnisses auch der Gedanke der Unmündigkeit und Abhängigkeit nahe legen kann, fühlen sich viele von uns bei diesen Bezeichnungen eher eingeschränkt und abgewertet als anerkannt und geborgen.

Dieses Unbehagen wird noch gesteigert, wenn wir uns als Erwachsene seit unserer Kindheit in jeder Hinsicht weiterentwickelt haben und lediglich in unserer Beziehung zu Gott und damit in unseren Vorstellungen von ihm bei unserem Kinderglauben stehen geblieben sind. Weil diese Form von Glauben aber nicht ganzheitlich und in das gesamte Leben und Denken integriert ist, kann sie kaum als Ausdruck jener positiven *kindlichen* Haltung verstanden werden, die von Jesus als vorbildlich beschrieben wird (Mk 10,15; Mt 18,2–4). Vielleicht sollte man in diesem Fall eher von *kindischen* Zügen sprechen, die dem sonstigen Stand der Entwicklung nicht angemessen sind und aufgrund dessen unreif wirken – nicht zuletzt auf die Betreffenden selbst. Auf diese Weise geraten leider viele mit ihrem Erwachsenwerden unversehens in die heillose Alternative, ihre Glaubensbeziehung entweder ganz zu vernachlässigen oder sie verkrampft in Anlehnung an ein vergangenes Lebensstadium »aufrechtzuerhalten«.

Demgegenüber kommt bei der biblischen Rede von den Töchtern und Söhnen Gottes alles andere als Unreife und Unfreiheit in den Blick. In Hinsicht auf Christus dürfte ohne weiteres deutlich sein, dass mit dem Titel »Sohn Gottes« keinesfalls auf seine Niedrigkeit und Schwachheit, sondern vielmehr auf seine Würde und Autorität, seine einmalige Stellung und Beziehung zu Gott, dem Vater, hingewiesen wird (Mk 9,7; Mt 11,27; Joh 1,14.18; 3,35; 5,18.20 usw.).

Wenn nun auch uns als Glaubenden durch Christus die Freiheit und Würde derer zugesprochen wird, die Gott selbst ihren Vater nennen dürfen, wird der Gedanke der Unmündigkeit damit gerade ausgeschlossen. Der Gegenbegriff zum Kindsein ist nämlich in diesem Zusammenhang nicht der des Erwachsenseins, sondern der der Sklaverei, aus der wir durch das Kommen Christi befreit worden sind (Röm 8,14–17; Gal 4,4–7). Im Gegensatz zum Sklaven hat »der Sohn« freien Zugang zum Vater, genießt sein Vertrauen und darf in seiner Vollmacht handeln, da er als Erbe an all dem teilhat, was dem Vater gehört. Entsprechend hebt Paulus als den wesentlichen Aspekt unserer Kindschaft hervor, dass wir als »Miterben« Christi »Erben« Gottes, des Vaters, sind, d. h., dass wir in die vertrauensvollste Beziehung und verantwortungsvollste Stellung hineingenommen worden sind, die man sich – den damaligen gesellschaftlichen Verhältnissen entsprechend – überhaupt vorstellen kann (vgl. auch Lk 15,31).

Als Töchter und Söhne Gottes können wir dem Vater gegenüber beide Seiten unserer Persönlichkeit gleichzeitig und umfassend ausleben: unser Angewiesensein, unsere Bedürftigkeit und Schwachheit genauso wie unsere Stärke, unsere Fähigkeiten und Begabungen. Weil Gott uns als Gegenüber anerkennt, macht er uns mit seinem Willen und seinen Plänen vertraut; weil er uns ernst nimmt, bezieht er uns unmittelbar in sein Handeln zugunsten anderer Menschen ein; und weil er persönlich an uns interessiert ist, liegt ihm daran, dass wir uns mit unseren Anliegen an ihn selbst wenden.

Dagegen mag man freilich einwenden, dass Gott in seiner Freiheit auf uns nicht angewiesen ist, dass er im Unterschied zu uns die Hilfe und Ergänzung eines Gegenübers gar nicht braucht. Doch wird mit diesem Argument gerade der grundlegende und entscheidende Aspekt der Vater-Kind-Beziehung verkannt. Wertvoll, einmalig und unentbehrlich sind die Kinder für den Vater nicht aufgrund ihrer besonderen Qualitäten und Fähigkeiten, sondern vielmehr aufgrund ihres einzigartigen Verhältnisses als eigene

Kinder. So liebt auch Gott als Vater seine Töchter und Söhne nicht, weil er sie für die ihnen zugedachten Aufgaben braucht, sondern er vertraut ihnen verantwortungsvolle Aufgaben an, weil er sie als seine Kinder liebt und *sie selbst* »braucht«, d. h. aufgrund seiner Liebe nicht ohne sie sein will.

DIE GRENZEN DES VERGLEICHS

Sosehr wir auch bei unseren Vorstellungen von Gott auf Vergleiche mit positiven menschlichen Beziehungen angewiesen sind, sollten wir uns dennoch der Grenzen und Gefahren jeder »menschlichen« Rede von Gott bewusst bleiben. Wenn wir Gott mit Abba, Vater, anreden, bedeutet das z. B. nicht, dass wir bei ihm vor allem – oder gar ausschließlich – die so genannten »männlichen« Eigenschaften vorauszusetzen hätten.

So wird schon im Alten Testament bei dem Vergleich der Zuwendung Gottes zu Israel mit der Zuneigung eines Vaters zu seinen Kindern auf Eigenschaften abgehoben, die nach unserer Tradition beim Vaterbild nicht unbedingt bestimmend sind: Im Wissen um das Angewiesensein der Menschen handelt Gott an ihnen mit väterlicher Nachsicht und verzeiht ihnen (Ps 103,13). Mit der Geduld eines Vaters, der seinem Kind das Gehen beibringt, lehrte Gott einst sein Volk Israel, rief es liebevoll zu sich und nahm es auf seine Arme (Hos 11,1–3). In seiner Zuneigung nahm er sie auf und trug sie den langen Weg der Wanderung schützend auf seinem Arm (5 Mose 1,31; Jes 63,9). Auch bei allem Ungehorsam Israels kann Gott als Vater sein geliebtes Kind nicht aufgeben, er wendet sich ihm aufgrund seines leidenschaftlichen Mitgefühls immer wieder zu (Hos 11,8f.; Jer 31,20; vgl. Jer 3,19.22; Jes 63,16).

Noch stärker wird unser traditionelles Vaterbild aufgebrochen, wenn Gott in der anschaulichen Sprache der Propheten und Psalmisten ausdrücklich Eigenschaften zugeschrieben werden, die nach herkömmlichen Vorstellungen als typisch »weiblich« gelten: So findet der Beter in seinem Vertrauen zu Gott Geborgenheit, Befriedigung und Sicherheit – wie ein gestilltes Kind bei seiner Mutter (Ps 131,2). Zur Beteuerung der Treue Gottes wird auf die unbedingte Liebe einer Mutter zu ihrem eigenen Kind verwiesen, das sie unter keinen Umständen im Stich lassen würde – noch weniger will Gott sein eigenes Volk vergessen (Jes 49,15). Vielmehr wird er sich ihnen liebevoll zuwenden und sie trösten, wie eine Mutter ihr kleines Kind tröstet (Jes 66,13). Dementsprechend werden Glück und Geborgenheit der uneingeschränkten Gemeinschaft Gottes mit den Menschen durch die Verheißung beschrieben, dass Gott alle Tränen von ihren Augen abwischen wird – dann, wenn er durch sein endgültiges Eingreifen alles Leiden, alle Schmerzen, alles Weinen, ja selbst den Tod aufheben wird (Jes 25,6–8; Offb 7,17; 21,3–5; vgl. Ps 126,5f.; 56,9).

Durch diese positiven Bilder und Vergleiche aus der menschlichen Wirklichkeit wird unseren einseitigen und verengten Anschauungen von Gott, wie sie sich durch negative menschliche Erfahrungen ergeben können, eindeutig und eindringlich entgegengewirkt. Allerdings müssen wir uns auch hierbei noch einer grundsätzlichen Grenze der bildhaften Rede von Gottes »väterlicher« bzw. »mütterlicher« Zuwendung zu uns bewusst werden.

Bei jeder positiven menschlichen Eltern-Kind-Beziehung ist es das erklärte Ziel der Erziehung, das Kind zu einer Selbstständigkeit anzuleiten, in der es von den Eltern unabhängig wird, es bei seinem Entwicklungsprozess so zu fördern, dass es auf die Hilfe der Eltern schließlich nicht mehr angewiesen ist. Der Vorsprung an Erfahrung und Reife soll so weit verringert werden, dass die Kinder selbst als »Erwachsene« eigenverantwortlich leben können.

Nun fällt es Eltern nicht selten schwer, ihre Kinder in die Unabhängigkeit zu entlassen und sie als selbstständige Persönlichkeiten anzuerkennen. Anstatt eine neue, partnerschaftliche Beziehung zu ihnen anzustreben, versuchen sie in ihren erwachsenen Töchtern und Söhnen immer noch die unmündigen Kinder zu sehen. Sie beziehen ihre Bestätigung aus ihrer vermeintlichen Unentbehrlichkeit für andere und verstehen sich von der Schwachheit der anderen her.

Wenn wir uns an diesem Punkt des entscheidenden Unterschieds zwischen der Beziehung zu Gott und zu unseren Eltern nicht bewusst sind, hat es schlimme Konsequenzen für unser Gottesbild und für unsere Selbsteinschätzung. Während wir uns nämlich in menschlichen Beziehungen abgrenzen müssen, um unsere Selbstständigkeit und Reife zu gewinnen, gründet unsere Selbstentfaltung und Freiheit im Glauben gerade darin, dass wir unser ganzes Leben uneingeschränkt von Gott her verstehen und gestalten.

Wie wir vom Leben selbst nie unabhängig werden, solange wir leben, so bleiben wir als Menschen auch stets angewiesen auf Gott – und zwar nicht infolge einer Fehlentwicklung, sondern grundsätzlich, weil er als Schöpfer Ursprung allen Lebens ist. Deshalb ist es durchaus als positiv und folgerichtig anzusehen, wenn wir Gott gegenüber eine immer vorbehaltlosere und offenere Haltung gewinnen, ihn – als das Leben und die Liebe – immer mehr beanspruchen, d. h. ihm immer kindlicher vertrauen.

In Hinsicht auf dieses bleibende und prinzipielle Gefälle zwischen Gott als Vater und uns als seinen Kindern sind wir also an die Grenze aller menschlichen Vergleiche gestoßen. Denn Gottes Größe ist nicht in unserem Kleinsein begründet, und seine Stärke ergibt sich nicht erst durch unser Angewiesensein. Gott lebt nicht von unserer Schwachheit – aber er ist bereit, mit ihr zu leben.

DIE LIEBE IST NICHT OHNE WAHRHEIT

Nun wird nicht selten angenommen, dass wir bei der Entfaltung des Evangeliums nicht nur in Hinsicht auf die menschlichen Bilder und Vergleiche, sondern im Hinblick auf die Rede von der »Liebe Gottes« überhaupt an eine grundsätzliche Grenze stoßen. Müssen wir neben der Gnade Gottes nicht doch weiterhin den Ernst seines Gerichtes betonen, da es auch für uns als Glaubende noch eine andere Seite an Gott gibt als die seiner Liebe? Wird nicht gerade deshalb ausdrücklich von uns gefordert, dass wir Gott nicht nur lieben, sondern ihn auch »fürchten« sollen?

Zweifellos ist die Sorge nicht unberechtigt, dass durch eine leichtfertige Rede von der »Liebe Gottes« die oberflächliche und unverbindliche Vorstellung von einem »lieben Gott« vermittelt werden könnte; doch gibt uns solch ein Missverständnis nicht das Recht, das Evangelium von Jesus Christus einzuschränken. Wenn das Wort von der Versöhnung nicht richtig verstanden worden ist, dann haben wir nicht etwas anderes als die Liebe Gottes zu verkündigen, sondern vielmehr diese in Christus offenbarte Liebe anders und ausführlicher zu beschreiben – so lange, bis der Unterschied zwischen dem »Gott der Liebe« und dem »lieben Gott« für jeden deutlich wird.

Dass die ernsthafte Auseinandersetzung mit unserer Wirklichkeit und die kritische Beurteilung unseres Fehlverhaltens bei der Konzentration auf die Liebe zu kurz kommen könnte, ist eine Sorge, die einen völlig unreifen Liebesbegriff voraussetzt. Denn schon im Hinblick auf die zwischenmenschlichen Beziehungen ist der Verdacht, dass »Liebe blind macht«, bei jeder Form von echter Liebe unberechtigt. Die Liebe, der es wirklich um den anderen und nicht nur um die eigenen Interessen geht, macht für die Wirklichkeit nicht blind, sondern gerade sehend.

Als voraussetzungslose Liebe wird ja nicht eine Zuneigung bezeichnet, die lediglich von falschen Voraussetzungen und Illusionen ausgeht, sondern die den anderen selbst meint und nicht nur bestimmte Aspekte seiner Persönlichkeit. Bedingungslos ist die Annahme nicht damit, dass die Probleme, Fehler und Eigenarten des anderen einfach verdrängt werden, sondern erst damit, dass der andere umfassend, d.h. mit seinen Schwächen und Schattenseiten, wahrgenommen und geliebt wird.

Weil echte Liebe also nicht von der Lüge lebt, sondern die Wahrheit gerade voraussetzt, ermöglicht sie zugleich ein kritisches Bewusstsein und – falls »notwendig« – auch eine kritische Auseinandersetzung über das Fehlverhalten des Geliebten. Für den kritisierten Menschen macht es dabei einen wesentlichen Unterschied, ob er der Wahrheit »an sich« und isoliert oder im Rahmen dieser grundsätzlichen Annahme und Bejahung begegnet.

So kann es für uns zwar durchaus schmerzlich sein, wenn wir die Wahrheit über uns ausgerechnet aus dem Munde dessen hören, der uns am meisten bedeutet, doch werden die Äußerungen einer zur Wahrheit fähigen Liebe von uns zugleich auch als Bestätigung und Vertiefung der Beziehung erlebt. Denn wenn die Zuwendung unseres Gegenübers selbst angesichts unserer Schattenseiten unvermindert anhält, dann ist unsere unterschwellige Sorge unberechtigt, dass sich die Zuneigung vielleicht doch nur auf unsere »liebenswerten« Seiten beziehen könnte. Die Angst vor der Wahrheit über uns selbst wird uns genommen, weil wir die Wahrheit nicht mehr als Gefahr für unsere Anerkennung ansehen müssen.

Wo wir geliebt werden, so wie wir wirklich sind, und nicht nur als diejenigen, die wir sein sollten oder selbst gerne wären, da lernen wir die Wahrheit – auch in ihrem Ernst – nicht mehr als Gegensatz zur Liebe, sondern als tragenden Bestandteil echter Liebe zu verstehen. Denn innerhalb einer vorbehaltlosen und umfassenden Beziehung gelten beide Sätze als verbindlich: »Die Liebe ist nicht ohne Wahrheit« und »Die Wahrheit ist nicht ohne Liebe«.

EHRFURCHT ODER ANGST?

Dass wir als Glaubende Gott selbst auf unserer Seite haben, wenn wir in der Stunde der Wahrheit als die erscheinen werden, die wir wirklich sind, heißt nicht, dass es an unserem Leben nichts auszusetzen gäbe. Wenn niemand es wagt, uns zu verklagen, dann nicht, weil wir aufgrund unseres gelebten Lebens als gerecht erscheinen werden, sondern weil es Gott ist, der uns gerecht- und freigesprochen hat (Röm 8,31–33).

Christus hat unsere Verteidigung nicht übernommen, weil er uns für unschuldig hielt und unser Prozess einen guten Ausgang zu nehmen versprach, sondern weil er erkannte, dass unser Fall hoffnungslos und unsere Verurteilung unausweichlich war. Sein Plädoyer auf Freispruch basiert nicht auf *unserer* Gerechtigkeit, sondern allein darauf, dass er selbst für uns die Folgen unserer Ungerechtigkeit ertrug (Röm 8,34; vgl. 1 Joh 2,1f.; Hebr 7,25).

So brauchen wir als Glaubende den Tag nicht zu fürchten, an dem Gott kommt, um sein Recht, d. h. seine Gerechtigkeit und Liebe, endgültig aufzurichten. Denn dieser Tag seines Gerichtes wird für uns die Wahrheit ans Licht bringen, die das Evangelium von Anfang an vorausgesetzt und uns verkündet hat.

Dennoch werden auch wir wohl zutiefst betroffen sein, wenn wir erkennen werden, wie wenig wir verstanden haben von all dem, was wir so »selbstverständlich« wussten, wie leichtfertig und nachlässig wir mit dem Geschenk unseres neuen Lebens umgegangen sind, wie viel Zeit, wie viel Liebe und Glück wir versäumt haben, um uns ohne ersichtliche Gründe mit völlig unwesentlichen Dingen zu beschäftigen.

Wir werden sicherlich wie nie zuvor in unserem Leben über uns selbst erschrecken, weil wir dann ohne jede Verharmlosung und Verdrängung die Wahrheit über unser Leben vor uns sehen. Dann sind es endlich nicht mehr unsere Eitelkeit und Selbstverachtung, die bei uns auslösen, was wir »Schuldbewusstsein« nennen, sondern allein Gott selbst, der uns durch das, was er ist, mit der Wahrheit konfrontiert.

Nun haben Christinnen und Christen seit neutestamentlicher Zeit diesem Tag nicht nur »gefasst« entgegengesehen, sondern das baldige Kommen Christi ausdrücklich erbeten (Offb 22,20) und die endgültige Begegnung mit ihm herbeigesehnt (2 Kor 5,8; Phil 1,23; vgl. 1 Petr 1,5–9) und voll Vorfreude erwartet (1 Kor 1,7; Phil 3,20f.; 1 Thess 1,10; Tit 2,13f.). Das ist zum Teil darin begründet, dass mit der Aufdeckung der Wahrheit zugleich auch alles Positive unseres Lebens ans Licht kommen wird und alle Ungerechtigkeit und Lüge dieser Welt endlich entlarvt sein werden. Es wird sich dann erweisen, dass sehr viel von dem, was erfolglos aussah, sich dennoch gelohnt hat und andererseits ganze Welten des Erfolgs und des Gewinns in sich zusammenfallen – angesichts der neuen Werte.

Vorrangig aber ist die Vorfreude auf den »Tag des Herrn« nicht dadurch bedingt, dass mit ihm die »Wahrheit« erscheint, sondern dadurch, dass *Gott selbst* an ihm erscheint, um bleibend mit seinen Menschen Gemeinschaft zu haben: »Siehe, die Wohnung Gottes bei den Menschen! Und er wird unter ihnen wohnen, und sie werden sein Volk sein, und er selbst – Gott mit ihnen – wird ihr Gott sein« (Offb 21,3).

Entsprechend tritt das eine Motiv bei den neutestamentlichen Zeugnissen in verschiedenen Zusammenhängen immer wieder hervor – dass wir *Christus* begegnen werden, um für immer uneingeschränkt mit ihm zusammenzubleiben (1 Thess 4,17; 5,10; 2 Kor 5,8; Phil 1,23; vgl. Joh 14,2f.; 17,24; Lk 22,29f.; 23,43). Gelegentlich wird die Begegnung Christi mit seiner Gemeinde sogar mit einer Hochzeit verglichen, womit sich alle düsteren Gedanken zum Tag seines Kommens nun wirklich nicht mehr vereinbaren lassen (Offb 19,7–9; Eph 5,25–27; 2 Kor 11,2; vgl. Mt 9,15; 22,2; 25,1; Joh 3,29).

Wenn nun in Hinsicht auf das Kommen Christi für uns als Glaubende in unübertrefflicher Weise gilt, dass seine Liebe zu uns nicht ohne Wahrheit, aber auch seine Wahrheit nicht ohne Liebe ist, dann erweist sich unsere »Angst« vor Gott und seinem Kommen als nicht etwa »geistlich«, sondern ganz und gar unangemessen. Denn Angst und Liebe sind grundsätzlich unvereinbar, und »die vollkommene Liebe treibt die Furcht aus« (1 Joh 4,16–18; vgl. Röm 8,15). So ist das Vorhandensein von Angst ein Hinweis darauf, dass die Liebe noch umfassender erlebt und noch viel befreiender erkannt werden kann.

Mit Furcht reagieren wir nämlich auf Gefahren und haben Angst vor dem, was uns bedrohlich erscheint. Wir schützen uns dagegen, indem wir uns verschließen und verbergen, indem wir fliehen oder uns auf andere Weise distanzieren. Die Liebe aber will unsere Isolation und Distanz gerade überwinden, sie »schafft« es, dass wir uns wieder öffnen und uns ihr aussetzen und nahen. So kann nur Liebe freiwillige Hinwendung und Offenheit bewirken, während die ungewollte und erzwungene Nähe bei uns aufgrund der Angst nicht etwa Liebe wirkt, sondern im Gegenteil – als letzte Möglichkeit menschlicher Abwehr – den *Hass*!

Wenn aber die Größe und die Nähe unseres Gegenübers für uns nicht mehr bedrohlich sind, sondern wir frei werden, auch unsererseits den Liebenden zu sehen, wie er ist, dann entstehen in uns Achtung und Anerkennung. Entsprechend werden unsere Wertschätzung, Hochachtung und Verehrung Gott gegenüber gerade dadurch in uns geweckt, dass wir ihn in seiner Zuwendung zu uns erkennen. Denn in dem Maße, wie die *Angst* durch Liebe überwunden wird, wächst die *Ehrfurcht*.

Dass diese Art der »Gottesfurcht« etwas ganz anderes ist als Angst, tritt spätestens dann offen zutage, wenn wir in den beängstigenden und bedrohlichen Situationen unseres Lebens uns nicht vor Gott verbergen, sondern uns ihm anvertrauen – wenn wir nicht *vor* Gott, sondern *zu* ihm fliehen.

DIE LIEBE DER BESCHENKTEN

Wenn wir nicht länger von der Angst bestimmt sind, sondern im Geist der Liebe und der Ehrfurcht leben, und wenn wir unser neues Verhältnis zu Gott nicht als die beklemmende Abhängigkeit eines Sklaven, sondern als die Freiheit der Töchter und Söhne Gottes erfahren (Röm 8,14–17.21; Gal 4,4–7), dann hat diese Veränderung für unsere gesamte Sicht vom Leben und für unser ganzes Handeln weit reichende Folgen.

Da wir nicht nur den Beginn unseres Glaubens – und damit unserer Kindschaft – als Gottes Geschenk verstehen, sondern unser ganzes damit eröffnetes Leben, ist jedes an Zwang und Leistungsdenken orientierte Verhalten von vornherein als unangemessen abzulehnen. Wir werden ja nicht von Gott mit der Kindschaft beschenkt, damit wir uns nun unsererseits durch Taten und Leistungen Verdienste zu erwerben suchen. Das wäre noch die Haltung eines *Sklaven*, der durch sein vorbildliches Verhalten um die Gunst seines Herrn wirbt, weil er sich als »Belohnung« für seine Überleistungen die Entlassung in die Freiheit erhofft.

Als die *Kinder* Gottes sind wir dagegen durch das, was wir in Christus *sind*, schon »Freie« und »Erben« – und nicht erst aufgrund dessen, was wir tun und erreichen. Wir leben nicht nur vorbehaltlich, um erst etwas zu werden, sondern wir *leben* – im umfassenden Sinne –, weil wir in Christus schon geliebt und angenommen sind. Als Töchter und Söhne Gottes handeln wir – wann immer wir uns unserem neuen Stande gemäß verhalten – nicht »damit ...«, sondern »weil ...«.

So ist die Haltung der *Dankbarkeit* die angemessenste Grundlage für alles, was wir »für Gott« und »um seinetwillen« tun. Denn bei der aufrichtigen Dankbarkeit wollen wir durch die Äußerung unseres Dankes unterstreichen, dass wir etwas ganz bewusst als Geschenk empfangen und als den Ausdruck einer freien und bedingungslosen Zuneigung verstanden haben. Indem wir, die Beschenkten, unsere Freude zeigen, bestätigen wir dem Geber, dass seine Absicht erreicht und sein Geschenk in jeder Hinsicht »angekommen« ist.

Daneben gibt es in unseren zwischenmenschlichen Beziehungen freilich auch Formen der »Dankbarkeit«, die für unser Verhältnis zu Gott keinesfalls als Vorbild dienen sollten. Nicht selten wird der Dank von uns nur als formale Pflicht verstanden, oder wir bedanken uns so unverhältnismäßig und übertrieben »höflich«, dass es schon wieder mehr um unsere Selbstdarstellung als um die Bestätigung unseres Gegenübers geht.

Völlig verkannt wird die eigentliche Bedeutung des Dankes, wenn wir versuchen, durch unsere Reaktion den Vorgang des Schenkens »wieder gutzumachen«, wenn wir durch Gegenleistungen und Gegengeschenke den Preis für das »Geschenk« nachträglich selbst bezahlen wollen. Während wir bei unserem ehrlichen Dank den Geschenkcharakter der Gabe gerade anerkennen und hervorheben, ist es die Funktion des uneigentlichen und verfälschten Dankes, den Vorgang des Schenkens durch den Ausgleich abzuschwächen oder sogar aufzuheben. Diese falsche Dankbarkeit ist nicht etwa ein Ausdruck echter Liebe, sondern entspringt dem schlechten Gewissen, dem Pflichtgefühl oder dem Stolz.

In solchen Fällen können wir das Geschenk des anderen natürlich nicht mehr als angenehm und beglückend empfinden, sondern allein als Verpflichtung und Last. Die Unwahrhaftigkeit und Unklarheit in diesem Wechselspiel des vorgetäuschten Schenkens lässt uns sogar die offene Forderung nach »Leistung« und »Bezahlung« geradezu als Erleichterung empfinden.

Entsprechend kann man auch den Geschenkcharakter der Vergebung und Versöhnung missverstehen, indem man darin ein Geschenk sieht, das wir als Menschen zwar nicht bezahlen können – das aber, gerade weil wir es eigentlich »gar nicht verdient haben«, nur umso mehr »verpflichtet«. Die Erinnerung an das Kreuzesgeschehen Christi löst dann bei uns nicht etwa die Freude und Liebe der Beschenkten aus, sondern das beklemmende Gefühl des Unvermögens und das dumpfe Bewusstsein, dass wir unserer »Pflicht« bisher nicht hinreichend nachgekommen sind: »Das alles hat Christus für uns getan! Was tun wir für Christus?«

Christus ist aber nicht für uns gestorben, damit wir nun im Bewusstsein unserer Schuldigkeit für ihn – als einen Toten – leben, sondern er ist für uns gekreuzigt *und auferstanden*, damit er als der *Lebendige* durch uns und mit uns lebt und uns somit fortwährend beschenkt. So wollen und sollen wir in Dankbarkeit auch unsererseits für Christus leben und ihn lieben, aber wir haben nicht die Aufgabe, an seiner Stelle und in seiner Abwesenheit das von uns aus zu tun, was nur in seinem Geiste und mit ihm getan werden kann.

Die Kraft für die Liebe, die uns als Glaubende auszeichnen sollte, können wir nicht aus unserem Pflichtgefühl und unserem schlechten Gewissen beziehen, sondern allein aus Gottes Geist der Liebe (Röm 5,5; Gal 5,22). Auf diese Weise gründet auch die Liebe der von Gott Beschenkten wiederum im Geschenk der Liebe.

SEIN WIE GOTT

Wir haben als das wesentliche Merkmal der Sünde erkannt, dass sie von Gott trennt und Leben und echte Liebe einschränkt. Unter dieser Voraussetzung aber erscheint die Sünde für uns als Glaubende nicht nur als etwas »Verbotenes«, sondern zugleich als etwas zutiefst »Unvernünftiges«. Denn wenn die Abwendung des Geschöpfes von seinem Schöpfer der eigenen Lebensentfaltung abträglich ist und wenn die Absage des Menschen an den ihn liebenden Gott ihm nicht Freiheit, sondern Isolation und Angst einbringt, dann lässt sich der Sünde keinerlei Sinn abgewinnen. Es ist nicht plausibel, sondern geradezu absurd, wenn wir das Gegenteil von dem tun, was wir letztlich zu wollen vorgeben.

Entsprechend wird schon – um bei Adam und Eva anzufangen – als Anstoß zu der »grundlegenden« Sünde des Menschen nicht etwa ein stichhaltiges Argument, sondern neben dem prinzipiellen Zweifel eine ausgewiesene Fehlinformation angegeben (1 Mose 3). Der Mensch, der sich auf die Sünde einlässt, sieht sich anschließend »verführt« und »betrogen«, weil er einer fundamentalen Täuschung zum Opfer gefallen ist. Betrogen ist der Mensch insofern, als er aufgrund der Täuschung in der Trennung von Gott sucht, was er gerade bei Gott finden würde, und bei der Sünde findet, was er gar nicht gesucht hat. So lebt die Faszination der Sünde allein davon, dass sie in Aussicht stellt, was lediglich Gott geben könnte, und verspricht, was nur Gott halten könnte.

Der Mensch, der die Lust empfindet, seine natürlichen, geschöpflichen Grenzen zu überschreiten, verdrängt die drohende Gefahr für sein Leben und das Leben anderer und erhofft sich sonderbarerweise gerade von dem, was den Tod bringt, eine höhere und bleibende Form von Leben. Indem er sich mit dem Menschsein nicht begnügen mag und danach strebt, »zu sein wie Gott«, verliert er nicht nur seine Unbefangenheit seinem Schöpfer gegenüber, sondern zugleich auch die Möglichkeit, im eigentlichen und umfassenden Sinne als Geschöpf zu leben. So bleiben wir, wenn wir wie Gott sein wollen, nicht nur weit hinter der angestrebten *Göttlichkeit* zurück, sondern verlieren mit den grenzenlosen Fantasien auch noch die eigene *Menschlichkeit*.

Unsere Geschichte und Gegenwart sind voll von Beispielen dafür, wie weit wir Menschen uns bei unserer Suche nach »Verewigung« und »Vergöttlichung« nicht nur von unserem eigentlichen menschlichen Leben, sondern zudem von unserer *Menschlichkeit* entfernen können. Es ist für uns erschütternd, wenn wir das Prinzip der Sünde in seiner Radikalität und Perfektion erkennen: Die Sünde lässt die Menschen, die nach *Über*menschlichem streben, *Un-*

menschliches hervorbringen und macht aus denen, die sich in ihrer unbegrenzten Macht für »Gott« halten, Menschen, die sich schlimmer gebärden, als es irgendein »Tier« jemals tun könnte.

Für unseren Zusammenhang sind allerdings nicht nur diese extremen Formen des menschlichen Größenwahns von Belang, bei denen offen zutage tritt und häufig auch freimütig bekannt wird, dass sie »gott-los« sind. Viel raffinierter und subtiler herrschen die Prinzipien der Sünde, wenn sie uns im Gewand der »Frömmigkeit« begegnen.

In diesem Falle tritt die »Schlange« als vermeintliche Anwältin der Interessen Gottes auf und interpretiert die Stimmen unserer Selbstüberschätzung und Selbstüberforderung als den erklärten Willen Gottes: »Sollte nicht Gott gesagt haben ... ?« Wenn wir jedoch die quälenden inneren Appelle – mit ihrem ständigen »Du musst!« und »Du sollst!« – auch noch zur »Stimme Gottes« machen, dann können wir unsere menschlich bedingte Begrenztheit und Schwachheit überhaupt nicht mehr annehmen, sondern sehen gerade darin unser eigentliches geistliches Problem. Wir wollen nicht akzeptieren, dass wir nicht herausragend erfolgreich, dynamisch, einflussreich und glücklich sind, sondern missverstehen die »Verheißung des Heiligen Geistes« als Aufforderung an uns, »Übermenschliches« zu leisten und darzustellen. So treten an die Stelle der berechtigten christlichen

Hoffnung, die stets an den realen Situationen des Menschen anknüpft, unsere »allzu menschlichen« Illusionen und Allmachtsträume.

Unter diesen Voraussetzungen aber kann auch unsere »Buße« keine vorbehaltlose Hinwendung zu dem uns liebenden Gott sein, sondern nur der zerknirschte Ausdruck unserer Eitelkeit und Unzufriedenheit mit uns selbst. Die betroffene Feststellung, dass wir »nichts sind«, »nichts können« und »nichts haben«, steht dabei nicht für unsere unbefangene Offenheit und Ehrlichkeit Gott gegenüber, sondern im Gegenteil für unseren gekränkten Stolz. Denn wenn wir unsere Vergänglichkeit und Niedrigkeit in unseren Gebeten so nachdrücklich betonen müssen, dann ist uns unser Angewiesensein auf Gott als Schöpfer wohl alles andere als selbstverständlich. Für *Gott* kann es nicht überraschend sein, dass wir als Geschöpfe begrenzt sind – erschrocken sind nur *wir* darüber, da wir unsere menschliche »Nacktheit« allzu gerne hinter den »Feigenblättern« unserer Lebenslügen und Selbsttäuschungen verbergen.

Sogar hinter dem »demütig« klingenden Zweifel, ob Gott uns »Sünder« wirklich lieben und uns unser Versagen noch vergeben könne, verbirgt sich oft nur eine ganz feinsinnige Art von »Hochmut«: Weil wir uns mit unserer »Ent-Täuschung« über uns nicht abfinden können und uns selbst nicht verzeihen wollen, unterschieben wir – mit unserem verdrehten

Zweifel – Gott unsere eigene Ablehnung und Verachtung.

Demgegenüber erleben wir es als unbeschreibliche Erleichterung, wenn uns mit Hilfe der unbedingten und bedingungslosen Liebe Gottes die Augen geöffnet werden für die unguten Spiele, die wir mit uns selbst treiben. Dann entdecken wir, dass es unsere eigene Sünde – und nicht Gott – ist, die uns mit ihren dauernden Vorhaltungen und Zweifeln in Atem hält und uns vor Gott in Verstecke treibt. Wir erkennen endlich, dass nicht Gott uns unseren Glauben ständig abspricht, sondern ihn uns in Christus gerade *zuspricht*. Zunehmend lernen wir, zwischen unserer menschlichen *Schwachheit* und unserer *Sünde* – also dem, was wirklich von Gott trennt und »Schuld« ist – zu unterscheiden und *beides* ohne »Feigenblätter« offen vor ihm anzusprechen. So reagieren wir auf Gottes Ruf: »Adam, Eva, wo seid ihr?«, endlich nicht mehr mit Erschrecken und Verlegenheit, sondern mit der spontanen Freude der »neuen Kreaturen« über ihren Schöpfer.

VON CHRISTUS HER VERSTEHEN

Gemäß der Aussage des Evangeliums sind wir als diejenigen, die an Christus glauben, »wiedergeboren« (Tit 3,4ff.; vgl. Joh 3,3ff.) – können wir aber von der Gegenwart des Geistes Gottes in uns ausgehen, wenn wir uns trotz unseres bewussten Glaubens gar nicht wie neu geboren fühlen? In Christus ist »das Alte« schon vergangen und »das Neue« wirksam angebrochen, so dass wir in ihm schon als die »neuen Kreaturen« gelten (2 Kor 5,17) – aber inwieweit trifft das auf uns zu, wenn wir in unserem Alltag immer wieder dem »alten Adam« gegenüberstehen? Infolge der in Christi Tod und Auferstehung geschehenen »Sühne« sind wir mit Gott versöhnt und damit nicht nur von der Schuld der Sünden, sondern auch von der Sünde selbst befreit. Inwiefern aber können wir von Freiheit sprechen, wenn wir als Christen dennoch sündigen und somit auf Gottes Vergeben weiter angewiesen bleiben?

Um diese Spannung zwischen unserer eigenen Erfahrung und den Zusagen des Evangeliums zu überbrücken, kann man zu Recht darauf verweisen, dass es bei unserer Versöhnung und Rechtfertigung zunächst und vor allem um die Frage geht, wie wir vor Gott dastehen und was wir in seinen Augen sind.

Grundlegend für die Gewissheit unseres neuen Lebens ist ja, wie wir bereits erkannten, dass Gott uns in Christus »gerecht-« und »freispricht«, obwohl wir unabhängig von Christus und ohne ihn durchaus nicht als unschuldig und gerecht bezeichnet werden könnten. Somit ist also nicht entscheidend, wie wir uns selbst beurteilen, sondern wie Gott uns sieht – und er sieht uns »in Christus«, und das heißt: »als gerecht«.

Allerdings wird diese befreiende Gewissheit völlig missverstanden, falls wir sie anführen, um die Widersprüche und Inkonsequenzen unserer christlichen Praxis zu entschuldigen und abzuschwächen. Wenn Gott uns als Ungerechte »gerecht macht«, dann heißt das nicht, dass wir nur theoretisch gerecht sind – aber praktisch und real weiterhin unbekümmert getrennt von Gott in unserer Ungerechtigkeit leben sollen. Vielmehr werden wir ja gerade dazu im Glauben »gerechtfertigt«, dass wir schon hier und jetzt in der »richtigen« Beziehung zu Gott stehen und in seiner Gerechtigkeit leben (Röm 6,12–23). Die *Grundlage* und *Voraussetzung* unseres Glaubens ist und bleibt, dass »Gott den Gottlosen rechtfertigt« (Röm 4,5; 5,6ff.); die *Folge* und das *Ergebnis* dieses unfasslichen Ereignisses aber ist, dass der Gerechtfertigte gerade deshalb nicht mehr gottlos leben muss.

Genau an diesem Punkt fällt jedoch eine wesentliche Entscheidung für unser Leben als Christen: Die

Voraussetzung und die Folge, der Anfang und die Entfaltung unseres Glaubens können zwar *unterschieden* werden, sie dürfen aber keinesfalls *getrennt* betrachtet werden, weil wir sonst in eine »heil-lose« Verwirrung geraten. Dann wird die »Rechtfertigung« allein Gott und seinem Handeln zugeschrieben, die »Heiligung« aber – als das Ausleben und Bewähren des Glaubens – entfällt auf uns; in Hinsicht auf den Beginn des Glaubens wird von Gottes gnädigem »Zuspruch« geredet, aber in Anbetracht des Alltags erscheint Gottes Wort nur noch als »Anspruch«. So folgt auf den »Indikativ« der Heilszusage unvermittelt wieder der vertraute »Imperativ« und auf das »Evangelium« – allein in umgekehrter Reihenfolge – wieder das »Gesetz«.

Dagegen spricht das Evangelium Gottes ausschließlich von dem, was für uns *von Christus her* und *in Christus* gilt. Diese Wendung »in Christus« dürfen wir dabei nicht nur formelhaft und oberflächlich als »christlich« – im weitesten Sinne – verstehen. Vielmehr wird damit prägnant angegeben, dass etwas *aufgrund der Stellvertretung Jesu Christi* und *in seiner Gemeinschaft* wahr und wirklich ist. Dass wir als Christinnen und Christen »neue Kreaturen« sind, ist deshalb nicht aus unserem neuen Lebensgefühl oder aus unserem neuen Verhalten zu folgern, sondern daraus, dass wir als Glaubende »in Christus sind« (2 Kor 5,17). Denn Jesus Christus ist bereits nach sei-

nem Sterben für uns zu seinem neuen Leben auferstanden; deshalb – und nur deshalb – können wir
sagen, dass wir »im Wir« mit Christus auch selbst
neu geschaffen bzw. neu geboren sind. »Das Alte« ist
nicht an sich und unabhängig von Christus für uns
vergangen, so dass es auch in Trennung von Christus
nicht mehr bedrohlich wäre – aber in Christus ist es
auch für uns wirklich und wirksam durch sein neues
Leben überwunden.

Entsprechend ist auch die für viele übertrieben
klingende Aussage, dass wir als Glaubende »der Sünde abgestorben« sind, ausschließlich von Christus her
zu begründen und zu entfalten. Es ist gerade nicht davon die Rede, dass *die Sünde* »gestorben«, d. h. als
Macht und Möglichkeit bereits völlig vernichtet ist;
noch wird gesagt, dass wir von uns aus aufgrund unseres Willens und unseres eigenen Kampfes der Sünde
allmählich »abzusterben« hätten. Im Gegenteil, wir
sind in Christus – und allein durch ihn – der Sünde ja
bereits auf Golgatha abgestorben, weil wir aufgrund
seiner stellvertretenden Sühne an *seinem* Kreuz »*mit
ihm* gekreuzigt« wurden (Gal 2,19f.; 6,14; Röm
6,1–14; 7,4–6; 2 Kor 5,14f.; vgl. dazu oben S. 25–33).

So ist es nicht nur unser Wunsch, sondern unsere
im Kreuz begründete Überzeugung, dass uns nun
keine Macht mehr von Gott trennen kann und selbst
die Sünde keinen Anspruch mehr auf unser Leben
hat, dass sie kein Recht hat, unser Leben länger zu

bestimmen und einzuschränken. Wenn wir uns dennoch immer wieder von unserer alten Existenz her verstehen und uns aus eigener Inkonsequenz auf sie einlassen, dann ist unsere grundsätzliche, in Christus bestehende Freiheit noch keinesfalls widerlegt. Vielmehr ergibt sich daraus für uns die Notwendigkeit, nicht nur den Beginn des Glaubens, sondern auch die Entfaltung unseres neuen Lebens allein von dem her, was in Christus gilt, zu gestalten.

Was uns als Christinnen und Christen ausmacht, ist also bleibend nicht an unserer Erfahrung und unserem Gefühl festzumachen – sosehr wir unsere neue Existenz auch erfahren und umfassend erleben mögen –, sondern allein durch Christus selbst bedingt. An sich und getrennt von Christus wären wir auch nach jahrelanger Erfahrung als Christen immer noch die »Alten«; aber durch Christus und in Verbindung mit ihm sind wir bereits im ersten Augenblick unseres Glaubens *neue Menschen*.

Da somit nicht nur unser Gottesbewusstsein, sondern auch unser »Selbstbewusstsein« als Glaubende von unserem *Christusbewusstsein* bestimmt und getragen ist, haben wir allen Grund, nicht nur einzelne Aspekte unseres Lebens, sondern unser gesamtes Leben im umfassenden Sinne von Christus her zu verstehen.

SELBSTVERLEUGNUNG ODER SELBSTVERWIRKLICHUNG?
EINE ETWAS VERWIRRENDE »SELBST«-BESTIMMUNG

Da es sich durchaus nicht von selbst versteht, dass wir den Sinn und die Bedeutung des Begriffes »Selbst« alle gleich und eindeutig verstehen, sollten wir hier scharf und sorgfältig unterscheiden.

Das Ich ist *selbstgefällig*, wenn es z. B. die eigenen Vorzüge und Leistungen anderen gegenüber besonders hervorhebt, ist *selbstgerecht*, wenn es sich überheblich darstellt, und ist *selbstherrlich*, wenn es andere in seinen Entscheidungen rücksichtslos übergeht. Das Kennzeichen des »Selbst« ist dabei jeweils, dass es sich nur auf Kosten anderer und in ständiger Abgrenzung von anderen entfaltet. Denn das Gefühl des eigenen Wertes lebt von der Abwertung des Gegenübers, und für die ungehinderte Entfaltung seiner selbst nimmt das Ich die Einschränkung anderer Menschen gerne in Kauf.

Nun könnte man die Überwindung eines *selbstsüchtigen* Verhaltens darin sehen, dass sich das Ich zurücknimmt in sich selbst, vielleicht sogar sich selbst durch *Selbstverleugnung* überwindet, um *selbstlos* nur für andere einzustehen. Doch lassen sich auf diesem Weg – auch wenn man bis zu *Selbsthass* und zu *Selbstzerstörung* gehen sollte – nicht mehr als die Symptome unterbinden, die eigentliche Krankheit aber wird allein durch »Selbst-Beschränkung« keineswegs geheilt.

Im Gegenteil, unser Problem liegt gar nicht darin, dass wir ein »Ich« – wir selbst, eine Persönlichkeit – sind, sondern allein darin, dass wir es ohne und gegen das »Du« und außerhalb des »Wir« sein wollen. Das Wir aber ist nicht nur der Kompromiss zwischen Ich und Du, zwischen *Selbstsucht* und *Selbstlosigkeit*, zwischen *Selbstgefälligkeit* und *Selbstverachtung*, sondern die Überwindung der falschen Alternative; denn in ihr besteht unsere eigentliche Krankheit. Im echten *Wir* kommen nämlich beide Seiten, das Ich und das Du, als Persönlichkeiten ausgewogen zur Geltung – mit allen Fähigkeiten und Bereitschaften, mit allen Bedürfnissen und Interessen. »Verleugnen« müssen wir uns also selbst nur in Hinsicht auf unseren Vorbehalt *gegen das Wir*, in Anbetracht unserer zerstörerischen Abgrenzung *gegen das Du*, damit wir uns *im Wir* endlich selbst – d. h. als das, was wir nur durch die Liebe sein können – finden.

So ist im Gleichgewicht des Wir das Selbst im doppelten Sinne »aufgehoben« – als schädliche Isolation des Ich, weil es im Wir beseitigt ist, und als das Ich im Sinne von Persönlichkeit, weil es im Wir getragen, geborgen und versorgt ist.

Im positiv verstandenen Sinne wird das Selbst im Wir erst recht entfaltet. Die Liebe eines anderen fördert bei uns *Selbstannahme* und *Selbstachtung*, denn wenn der andere uns annimmt, wie wir sind, können wir selbst uns nicht verachten. Vertrauen und Zuwendung eines Gegenübers verhelfen uns zu *Selbstvertrauen* und *Selbstbewusstsein*, denn wenn wir für den anderen so wichtig und bedeutend sind, dann können wir auch unsere eigene Person nicht mehr als unfähig und wertlos ansehen.

Erst auf der Grundlage des Wir wird auch der positive Sinn von *Selbstbeherrschung* und *Selbstüberwindung* deutlich. Denn wenn wir uns harmonisch mit dem Du entfalten wollen, geraten wir bei dieser Art von *Selbstentfaltung* mit unserer *Selbstsucht* in Konflikt. Kommt es durch unsere Offenheit im Wir zu einer nie gekannten, umfassenden *Selbsterfahrung*, dann werden unser *Selbstmitleid* und unsere *Selbstgerechtigkeit* sich zweifellos entschieden wehren. Erweist sich dann auch noch in einer Situation der Schwäche und Bedürftigkeit des anderen unsere *Selbstlosigkeit* als unumgänglich, empfiehlt uns unser *selbstgefälliges* Ich, die Liebe endlich *selbstzufrieden* aufzugeben.

So müssen wir wohl damit rechnen, dass unsere *Selbstverwirklichung* im positiven Sinn im Alltag unseres Konfliktes zwischen *Selbst* und *Selbst* – bei aller Reife und Erfahrung – doch nie ganz *selbstverständlich* wird.

SELBSTMITTEILUNG GOTTES

Wir können mit Worten rein sachliche Mitteilungen machen, ohne dabei wirklich persönlich beteiligt zu sein. Auch wenn wir uns im alltäglichen Umgang mit stehenden Wendungen und gewohnten Verhaltensweisen einander zuwenden, brauchen wir uns – bei aller Aufrichtigkeit – noch nicht persönlich und verbindlich ins Gespräch einzubringen. In dem Maße aber, in dem wir zu jemandem tiefere Zuneigung empfinden, wollen wir mehr als rein sachliche Informationen und übliche Freundlichkeiten austauschen.

Mit der Vertrautheit und der innigen Verbundenheit wächst das Bedürfnis, an der Person und dem Leben des anderen teilzunehmen und den anderen an den eigenen persönlichen Gedanken, Erfahrungen, Wünschen und Gefühlen teilhaben zu lassen. Die wechselseitigen Mitteilungen verdichten sich zum Mitteilungsgeschehen, und dieses umfassende und vielschichtige Mitteilungsgeschehen wird zunehmend zur »Selbstmitteilung«, denn wir teilen längst nicht mehr nur *etwas*, sondern mit Hilfe der Worte *uns selbst* mit.

Wenn wir nun von Christus sagen, dass Gott in ihm zu uns gesprochen hat, wird damit nicht nur die Zuverlässigkeit der Worte Jesu und des Evangeliums von ihm bezeichnet. Jesus Christus hat nicht nur durch sein Lehren und Wirken über den Willen und die Liebe des Vaters zu uns geredet, sondern hat uns beides durch sein Leben und Leiden umfassend »mitgeteilt«. Weil der Sohn uns nicht nur Worte Gottes gebracht hat, sondern sein ganzes Leben und sein Sterben am Kreuz in einzigartiger Weise von der uneingeschränkten Zuwendung des Vaters zu uns sprechen, wird er selbst *das* Wort Gottes genannt (Joh 1,1.14).

Indem Gott an unserem Leben und unserer Situation so sehr teilgenommen hat, dass er in Christus sogar unseren Tod und unsere Feindschaft auf sich nahm, um uns an seinem Leben und an seiner Liebe bleibend teilhaben zu lassen, erwies sich das Mitteilungsgeschehen in Christus als *Selbstmitteilung Gottes*. So umfassend und wesentlich war dieses Mitteilungsgeschehen, dass Christus nicht nur Worte, überhaupt nicht nur etwas, sondern sich selbst mit uns »austauschte« – sich so mit uns identifizierte, dass wir fortan nicht mehr ohne ihn zu denken sind. Er wurde um unseretwillen arm, obwohl er reich war, damit wir durch seine Armut reich würden (2 Kor 8,9). Er, der keine Sünde, keine Trennung vom Vater kannte, wurde für uns »zur Sünde«, d. h. zum Sünder selbst, damit wir in ihm »zur Gerechtigkeit Gottes«, d. h. zu aus der Gerechtigkeit Gottes Lebenden, würden (2 Kor 5,21).

Sosehr nun auch die Selbstmitteilung Gottes durch Kreuz und Auferstehung Christi vollendet und bestätigt ist, sowenig ist sein Mitteilungsgeschehen damit schon abgeschlossen und beendet. Denn jedes seiner mitgeteilten Worte hat letztlich nur das eine Ziel, dass wir uns unsererseits uneingeschränkt und offen einbeziehen lassen in das Geschehen der umfassenden und wechselseitigen Mitteilung, des Teilnehmens und der Gewährung von Teilnahme. So ist weder die Mitteilung allein von *Worten* – die ja an sich noch nicht persönlich und verbindlich werden müssen – noch überhaupt die Mitteilung von *etwas*, sondern allein *unsere Selbstmitteilung* die einzig angemessene Antwort auf Gottes uneingeschränkte Liebe.

MITTEILUNGSGESCHEHEN

Wenn sich in einem Gespräch die wechselseitigen Mitteilungen so verdichten, dass der Austausch immer umfassender und vielschichtiger wird, tritt das ein, was wir Mitteilungsgeschehen nennen. »Geschehen« deshalb, weil wir dann das Gespräch zunehmend als ein Ereignis erfahren und nicht nur als ein abwechselndes Tun. Denn was dabei geschieht, ist ja in keiner Weise »machbar« – und dennoch sind wir selbst dabei so tätig wie sonst nie. Was wir darin erleben, empfangen wir wie ein Geschenk – und trotzdem sind wir selbst daran beteiligt wie bei keiner »Leistung«.

Die Frage, worüber wir uns unterhalten können, was und wie wir reden sollen, tritt zurück hinter den Wunsch, nicht etwas, sondern uns selbst einzubringen, nicht etwas vom anderen, sondern ihn selbst zu erfahren. Auf diese Weise wird der Gedankenaustausch zwischen Ich und Du zum unmittelbaren und wesentlichen Austausch unserer selbst im Wir. Damit aber erkennen wir als das Geheimnis eines solchen Mitteilungsgeschehens das Erleben des Wir, durch das die Isolation und Verschlossenheit des Ich und des Du überwunden werden. Das prinzipiell Andere und Neue an dieser zutiefst persönlichen Art der Mitteilung gründet in der Erfahrung, dass das

Wir in seinem ganzheitlichen und umfassenden Charakter viel mehr ist als allein die Summe von Ich und Du.

Dabei bewirkt die Begegnung im Wir nicht etwa, dass die einzelnen Personen gleichsam miteinander *verschmelzen* oder dass das Ich mit dem Du so »eins« wird, dass es sich an das Du *verlieren* könnte. Im Gegenteil, nirgends nehmen wir unsere Eigenständigkeit und Originalität so deutlich wahr wie in einem derartig offenen und interessierten Austausch. Gerade da, wo wir uns ganz auf einen anderen Menschen einlassen und »seine Welt« zugleich mit den Augen des Ich und des Du betrachten, wird uns das *Anderssein* unseres Gegenübers wie sonst nie bewusst – ohne dass wir es als Distanz schaffende *Fremdheit* empfinden müssen.

Umgekehrt wird uns entsprechend durch die Zuneigung und Zuwendung unseres Gegenübers auch unsere eigene *Besonderheit* – mit unseren Stärken und Schwächen, mit unserer Fähigkeit und unserem Angewiesensein – in einer Weise vor Augen geführt, dass wir in der Begegnung mit dem Du auch uns selbst neu begegnen und durch die Sicht des Gegenübers auch uns selbst mit neuen Augen sehen.

Indem wir durch die wahrhaftige und vorbehaltlose Begegnung mit dem Gegenüber den anderen und uns selbst »erkennen«, wird unsere wechselseitige Mitteilung in einem noch tieferen Sinne zum »Geschehen«. Wir kommen nämlich aus einem Gespräch »im Wir« nicht als dieselben heraus, als die wir hineingegangen sind – es ist etwas *an uns* geschehen. So ist es vielleicht das wesentlichste Merkmal eines echten Mitteilungsgeschehens – im Unterschied zu allen Formen unverbindlicher Unterhaltung –, dass wir darin persönlich geprägt und gefördert werden, dass wir uns weiterentwickeln und befähigt werden, befähigt vor allem zu einem Leben voller wesentlicher Mitteilungen.

Unsere Beziehungen zu anderen Menschen finden zunächst und vor allem in Worten ihren Ausdruck. Entsprechend sind wir auch damit vertraut, von Inhalt, Atmosphäre und Verlauf unserer Gespräche auf die Qualität einer Beziehung zurückzuschließen.

So liegt es nahe, dass wir uns auch einmal kritisch fragen, welches Verhältnis denn in unseren Gebeten – als Mitteilungen an Gott – zum Ausdruck kommt. Sind wir dabei von Zuneigung und Geborgenheit oder eher von Distanz und Angst bestimmt? Zeugen unsere Worte von ungeschützter Offenheit und Spontaneität, oder sind sie viel zu unpersönlich, eingeschliffen und belanglos, als dass man sagen könnte, Gott würde als Gegenüber damit wirklich ernst genommen? Wie würden wir wohl eine menschliche Beziehung beurteilen, in der sich eine Seite stets so äußert, wie wir beten?

Nun wenden wir natürlich ein, dass Gott nicht Mensch ist und wir deshalb zu ihm nicht wie zu einer uns vertrauten und nahe stehenden Person sprechen können. Aber welche negativen menschlichen Erfahrungen bringen wir denn dabei mit, wenn wir Respekt und Hochschätzung nicht mehr zusammenbringen mit Geborgenheit und Nähe, wenn wir die

Größe und Stärke unseres Gegenübers nicht zusammendenken können mit seiner Zuwendung und seinem Interesse an uns? Ist es denn wirklich »Ehrfurcht«, wenn wir erst lange überlegen, was wir sagen sollen – oder sind wir nur befangen und verlegen?

Von den Betern der alttestamentlichen Psalmen können wir wohl am besten lernen, wie sich die ehrfurchtsvolle Liebe und das innige Vertrauensverhältnis zu Gott äußern können (vgl. z. B. Ps 16; 23; 25; 27; 62; 63; 73; 131). Beeindruckend ist dabei nicht nur die Darstellung von Dankbarkeit und Freude, sondern vor allem auch der offene und ungeschützte Ausdruck des Schmerzes, der Verzweiflung und Betroffenheit. Auch wenn wir an den Aussagen über die Feinde vieles von Christus her hinterfragen müssen, werden hier insgesamt vorbildlich Leiderfahrungen und negative Gefühle wie Angst, Trauer, Wut und Enttäuschung direkt und vorbehaltlos vor Gott gebracht und bei ihm »abgeladen«. Wie viele Probleme würden wir uns selbst und anderen ersparen, wenn wir uns bei allem, was wir negativ erleben und empfinden, unmittelbar und spontan an Gott wenden würden, um bei ihm »still und ruhig« zu werden »wie ein kleines Kind bei seiner Mutter« (Ps 131,2)!

Zu letzter Offenheit und Ehrlichkeit vor Gott kommt es aber wohl da am ehesten, wo wir Gott nicht nur unsere Bitten und unseren Dank, unser

Vertrauen und unsere Probleme mitteilen, sondern in der Situation der Schuld und des schuldhaft herbeigeführten Leidens nicht anders können, als uns selbst mitzuteilen, weil es – dann auch in unseren Augen – wirklich nichts anderes gibt, was wir an unserer Stelle oder außer uns Gott mitteilen und geben können (s. Ps 6; 32; 38; 51; 102; 130; 143; vgl. Ps 103). Spätestens in dieser Situation äußerster Betroffenheit wird unser Gebet zu dem, was es immer und ausschließlich sein könnte: Ausdruck unserer uneingeschränkten *Selbstmitteilung* an Gott. Da fällt dann auch der letzte absichernde Vorbehalt, und es weicht unsere »Höflichkeit« Gott gegenüber der Wahrhaftigkeit. Wo wir so unbedingt und voraussetzungslos auf Gottes Liebe angewiesen sind bei unserem Gebet, verstehen und erkennen wir vielleicht das erste Mal, was wir schon lange theoretisch wissen und bekennen.

BETEN UM SEINETWILLEN

Wenn beten heißt, dass wir uns kindlich und vertrauensvoll an Gott als Vater wenden in allem, was uns umtreibt und beschäftigt, ist damit keinesfalls gemeint, dass wir in kindischer Manier uns unreif und einseitig ichbezogen nur ständig um uns selbst drehen sollen.

Selbst dann, wenn es bei unserer Klage oder Bitte zunächst zentral um eigene Interessen geht, handelt es sich auch dabei um den Ausdruck einer beidseitigen Beziehung. So ungeschützt, unmittelbar und offen wenden wir uns mit unseren Problemen nur an jemanden, dem wir zutiefst vertrauen und dessen echter Liebe wir uns sicher sind. Von ihm wird unsere Mitteilung der eigenen Bedürfnisse und Schwächen – als eine Form der Selbstmitteilung – nicht nur um unseretwillen geduldet, sondern aufgrund seiner Zuneigung zu uns um seinetwillen gewünscht.

Infolgedessen lässt sich das Gebet nicht einseitig mit unserer Bedürftigkeit begründen, sondern nur damit, dass es Gott freut, wenn wir ihn offen in unser Leben einbeziehen. Andernfalls hätte es kaum einen Sinn, dass wir ihm etwas sagen, was er längst schon weiß, wenn ihm nicht selbst daran läge, dass wir zu ihm sprechen. Entscheidend ist deshalb weniger, *was* wir sagen – mit welchen Formulierungen und wie vielen Worten –, sondern ob wir es wahrhaftig und wirklich um *seinetwillen* sagen. Gott will nicht etwas »Neues« von uns hören, sondern er will *uns* hören – und das immer wieder *aufs Neue*.

Erstaunt es dann, dass es Gott nicht gefällt, wenn wir ihn durch schöne oder viele Worte zu bereden versuchen, anstatt ihm zu vertrauen, weil er uns am besten kennt (Mt 6,7f.; vgl. 6,25–34)? Was soll Gott dementsprechend von Gebeten halten, die wir nur um der Anerkennung anderer Menschen willen und vor ihnen formulieren? Sie gelten ja in Wirklichkeit nicht ihm, sondern lediglich anderen und uns selbst (Mt 6,5f.).

Aber auch wenn wir es lernen, unsere Probleme, Anliegen und Interessen vertrauensvoll zu äußern und unser Angewiesensein Gott gegenüber offen einzugestehen, ist das Mitteilungsgeschehen damit keineswegs abgeschlossen. Durch Gottes Liebe sollen wir zugleich befähigt werden, selbst zu lieben – also vor ihm auch reif und verantwortungsbewusst zu leben. Erst wenn wir uns nicht nur mit allem an Gott wenden, sondern uns – als Antwort auf seine Liebe – auch ihm selbst zuwenden, wird das Mitteilungsgeschehen beidseitig und umfassend. »Beidseitig« nicht, weil Gott dann anders zu uns spräche als durch sein aufgeschriebenes Wort, sondern weil nun auch er selbst und persönlich – im Mittelpunkt unserer Mitteilungen steht.

Wenn wir unsere eigenen Interessen zeitweilig ganz zurückstellen können, weil wir uns auf die Gedanken und Anliegen Gottes einlassen und ihn selbst lobend beschreiben und verstehen wollen, dann nehmen auch wir uns als Gegenüber Gottes ernst – so wie er es tut: Ihm ist es aufgrund seiner Liebe nicht gleichgültig, ob wir auch nach ihm selbst fragen, die Welt als seine Schöpfung auch durch seine Augen sehen, ob wir zu ihm auch über seine Pläne sprechen können und über andere Menschen, die er liebt.

GEMEINSCHAFT ALS GANZHEIT

Wir sind nicht vorrangig Gottes Kinder und erst in zweiter Linie untereinander Geschwister, sondern als Kinder sind wir Geschwister – das eine gilt nicht weniger oder mittelbarer als das andere. Wir sind als Glieder am Leib Christi nicht nur mit dem Haupt direkt verbunden und erst indirekt mit anderen Gliedern, sondern bilden als die Gesamtheit von Haupt und Gliedern in Christus einen Organismus (Röm 12,5; 1 Kor 12,27).

Wenn Christus uns aus unserer Isolation und Verschlossenheit befreit, eröffnet er uns durch die Gemeinschaft mit sich und seinem Vater zugleich die umfassende Beziehung zwischen Gott und denen, die ihn lieben. Wenn wir den Glauben entsprechend als das Leben in der Gemeinschaft mit Gott und mit anderen Menschen verstehen, gewinnt auch die Rede vom Wir ihren letzten und tiefsten Sinn.

Das Ich erkennt dann nicht nur ein Du neben sich, durch dessen Zuwendung es zum offenen und wechselseitigen Wir befähigt wird, sondern es entdeckt mit den neuen Augen dessen, der selbst Liebe erfahren hat, dass es neben seinem Ich und dem *einen* Du eine ganze Welt des »Wir« und des »Ihr« gibt.

Das gilt nicht etwa nur in dem Sinne, dass wir als Glaubende, nachdem wir Gottes Liebe erfahren haben, unsererseits einseitig andere Menschen lieben sollen – das könnte ja noch ganz im Rahmen des Ich-Du-Schemas gedacht werden. Vielmehr geht es bei dem Leben im Wir darum, dass wir in einem bewussten Prozess des wechselseitigen Gebens und Nehmens, des Teilnehmens und des Gewährens von Teilnahme stehen. Als Glieder des einheitlichen Ganzen sind wir selbst bleibend angewiesen auf den gesamten Organismus, und die Gesamtheit der anderen Glieder braucht ihrerseits das einzelne Glied, um einen organischen Zusammenhang darzustellen.

Entsprechend steht schon der Anfang jedes Glaubens im Zeichen dieses umfassenden Wir, weil wir von Gottes Liebe durch die Worte anderer Menschen hören und die Zuwendung Christi uns durch menschliche Zuwendung mitgeteilt wird. Im *Ihr* der Einheit zwischen Christus und den Menschen, die er zu uns sendet, begegnet uns Gott selbst und verbindet uns zu einem einheitlichen Wir. Auf diese Weise werden wir als Glaubende nun ebenfalls zu Menschen, durch deren Handlungen und Worte Christus in seiner Liebe zu anderen Personen sprechen will. So ist »Gemeinde« als die Gemeinschaft derer zu verstehen, die zugleich im Wir mit Gott und mit anderen Glaubenden leben, die selbst mit Christus in Verbindung stehen und deshalb auf das hören wollen, was Gott ihnen durch andere zu sagen hat.

Ganzheitlich wird diese Wechselbeziehung des Nehmens und Gebens dadurch, dass wir als Glaubende *zusammen* Gott begegnen und uns im Wir der Gemeinschaft mit unseren Gedanken, Gebeten und Liedern gemeinsam *ihm* zuwenden. Wer dieses Geschehen der umfassenden Einheit und der vielseitigen Ganzheit einmal erlebt hat, der hat wohl auch erkannt, dass Gemeinschaft mehr ist als ein Zusammentreffen einzelner, verschiedener Menschen.

IDEAL ODER WIRKLICHKEIT?

Wenn wir Gemeinde als eine einheitliche und gegliederte Ganzheit beschreiben, in der jedes Glied seinen organischen Platz hat im wechselseitigen Austausch des Gebens und Nehmens, kommen uns in Anbetracht unserer Erfahrung wohl grundsätzliche Zweifel. Sprechen wir bei alledem nicht nur von einem *Ideal*, das sich in die Wirklichkeit unseres »alltäglichen Sonntags« gar nicht vermitteln lässt?

Erstaunen muss uns da, dass Paulus gerade diejenige Gemeinde als »einen Leib« im besagten Sinne anspricht (1 Kor 12,12ff.), bei deren momentaner Situation wohl alles andere als ein »Wir-Gefühl« vorherrscht. Dabei macht er sich über die Zustände in Korinth durchaus keine Illusionen – ist doch der ganze Brief durch die Probleme, Fragen und Konflikte der Gemeinde bestimmt. Vielmehr will er den Adressatinnen und Adressaten auch hier wieder bewusst machen, was *von Christus her* in Hinsicht auf die Schwierigkeiten gilt. Wenn Paulus davon redet, dass der Leib trotz aller Verschiedenheit der einzelnen Glieder eine Einheit ist, verweist er nämlich zur Begründung nicht auf die Erfahrung der korinthischen Gemeinde, sondern lenkt den Blick auf die gemeinsame Voraussetzung ihrer Gemeinschaft – »so ist es auch mit Christus!« (1 Kor 12,12).

Weil Christus sich in seinem Tod und seiner Auferstehung mit uns allen identifiziert hat, können wir uns als an Christus Glaubende nicht länger unabhängig von ihm sehen. Da er selbst uns mit sich im Glauben zum Wir verbunden hat, sind wir »in ihm« zugleich auch voneinander nicht zu trennen. So ist die Einheit der Schwestern und Brüder Christi schon in Christus *vorgegeben* und nicht erst fernes Ziel all unserer Bemühung. Von Christus her gesehen ist die Einheit bereits gültige Realität und nicht nur ein anzustrebendes Ideal.

Entsprechend sollen wir uns als Gemeinde nicht nur so verhalten, als *wären* wir ein Organismus, sondern uns in unserem Verhalten am Wohl des Einzelnen und der Gesamtheit orientieren, weil wir durch Christus ein Leib *sind*. Nicht *wie* Geschwister sollen wir uns lieben, sondern *als* Geschwister – weil wir es nämlich für Gott wirklich sind!

Als *Folge* soll unsere Einheit selbstverständlich auch für uns erfahrbar werden. Sie wird aber gerade da erlebt, wo Glaubende sich »organisch« und »Wir-orientiert« verhalten, weil sie die wesentliche Verbundenheit als gegeben voraussetzen. Wenn wir jedoch die Erfahrung und das Empfinden unserer Zusammengehörigkeit zur Grundlage unserer Gemeinschaft machen, verwechseln wir Ursache und Wirkung.

Wenn das stimmt, kann es nicht unsere Aufgabe sein, darauf zu warten, dass wir irgendwann in irgendeiner Kirche das Ideal verwirklicht finden – und andere für uns erfüllen, wovon wir nur träumen. Die *Wechselseitigkeit* im Austausch – als entscheidendes Kennzeichen eines Organismus – will gemeinsam gestaltet und aktiv gelebt werden. Mit passivem Verhalten und einseitigen Erwartungen ist sie als solche unvereinbar. Indem wir das durch Christus vorgegebene und in ihm wirklich bestehende Wir in der Begegnung mit anderen konkret *ausleben*, werden wir es gerade dadurch auch *erleben*. So kommen wir im eigenen kreativen Gestalten zur Erfahrung der Einheit, und das Erleben von Gemeinschaft inspiriert uns zu weiterer Entfaltung.

Zweifellos lassen wir uns an diesem Punkt meist zu schnell entmutigen, weil unser Bild vom »Aufbau der Gemeinde« zu festgelegt, einseitig und auch vordergründig ist. Das Ausleben der Gemeinschaft fängt schon da an, wo zwei im Wir mit Christus eine Einheit bilden (Mt 18,19f.) – und *die* Gemeinde Christi ist nicht weniger als die weltweite Einheit aller Christen. Wenn wir nach unseren persönlichen Möglichkeiten und Fähigkeiten als einzelne Glieder am Leib Christi fragen, geht es folglich nicht allein um unsere Rolle und Aufgabe in einer bestimmten Kirche, sondern darüber hinaus um unser gesamtes Wir-orientiertes Verhalten innerhalb der Welt.

ALS TEIL DES GANZEN

Mit der grundlegenden Erkenntnis, dass wir als Leib Christi ein Organismus sind und jeder von uns ein Glied innerhalb des Ganzen (1 Kor 12,27), sind tief gehende Veränderungen in Hinsicht auf unsere Selbsteinschätzung und unsere Beurteilung anderer Menschen verbunden. Es macht nämlich einen wesentlichen Unterschied, ob wir Menschen, die uns näher stehen, vorrangig als unsere Umgebung ansehen oder als selbstständige und unabhängige Menschen, denen wir die gleichen Rechte und Möglichkeiten der Entfaltung einräumen wollen wie uns selbst. Es hat für unser konkretes Verhalten weit reichende Folgen, wenn wir unseren Lebensbereich nicht nur als unsere »Um-Welt« wahrnehmen, sondern ihn als *die Welt* erkennen, in der wir selbst leben können, über die wir aber nicht rücksichtslos – d.h. ohne Berücksichtigung der Wirkung unseres Verhaltens auf die Ganzheit – verfügen dürfen. Natürlich behaupten wir auch sonst nicht ausdrücklich, dass wir wertvoller und wichtiger als andere Menschen sind. Die Frage ist aber, ob wir in unseren Gedanken, in unseren persönlichen Begegnungen und unserem konkreten Verhalten nicht dennoch immer wieder davon ausgehen, dass wir selbst der Mittelpunkt der Welt sind.

Die Entlarvung unserer unrealistischen Vorstellungen und Ansprüche mag wohl auch als schmerzhafter Verlust empfunden werden, sie ist jedoch im Rahmen der positiven Wir-Erfahrung eigentlich und vor allen Dingen *Befreiung*. Da wir nämlich nicht nur im Mittelpunkt stehen können und wollen, sondern vielmehr *müssen*, ist unser Wunsch, dass sich alles um uns drehen soll, längst zum *Fluch* geworden.

Als Glieder eines Organismus aber brauchen wir uns weder durch die Qualitäten anderer dauernd verunsichern zu lassen noch uns ständig durch die Abwertung anderer selbst aufzuwerten. Im Wir haben wir es auch nicht nötig, uns durch aufzehrenden Aktivismus unentbehrlich zu machen, um in unseren Augen und vor anderen als wertvoll zu erscheinen. Denn innerhalb eines Ganzen stellen ja die Grenzen eines Teiles zugleich die Ergänzungsmöglichkeiten durch andere Teile dar, und die vermeintlichen Verlegenheiten eines angewiesenen Organs sind zugleich die Gelegenheiten zur Erfahrung des organischen und wechselseitigen Austauschs.

Nun gilt es allerdings nicht nur die Tatsache zu erkennen, dass wir Glied an einem Leib und Teil des Ganzen sind. Zu schaffen macht uns häufiger noch, *was* wir sind und dass wir *nicht* sind, was wir gerne wären. So meinen wir – wie damals in Korinth (1 Kor 12,14ff.) – vielleicht als »Fuß«, dass wir nicht ganz dazugehören, nur weil wir keine »Hand« sind, und können uns als »Ohr« nicht annehmen und mit unseren Fähigkeiten einbringen, nur weil wir uns willkürlich am »Auge« als unserem Vorbild orientieren.

Die Glieder eines Leibes aber werden grundsätzlich nicht nach ihrer *Wichtigkeit*, sondern allein nach ihrer *Wesentlichkeit* beurteilt – danach also, ob sie ihrer besonderen Gabe und eigentlichen Aufgabe entsprechend leben. Entscheidend ist somit nicht, ob wir als Glieder am Leib Christi eine angesehene oder eine eher unscheinbare Rolle in Gemeinde und Gesellschaft spielen, sondern vielmehr, dass wir zufrieden, erfüllt und konsequent das sind, was wir sein können, wollen und sollen – nämlich *wir selbst*.

An dieser Stelle geben wir uns allerdings – so wenig wie einst Paulus – in Hinsicht auf die Freiheit der Gemeinde von menschlichen Vorurteilen keinen Illusionen hin. Denn müsste sich die Übertragung dieser – theoretisch sicher schlüssigen – Bestimmung erst an der Wirklichkeit unserer menschlichen Gemeinschaft als berechtigt erweisen, dann wäre es wohl um die ganze Rede vom Leib Christi schlecht bestellt. Weil aber das, was für die Glieder des Leibes Christi verbindlich und entscheidend ist, im Zweifelsfall nicht nach dem Maßstab anderer Glieder, sondern allein von Christus her zu bestimmen ist, gründen sich unsere Zuversicht und Selbstannahme völlig zu Recht auf unser Angenommensein von Christus.

Deshalb ist es so wichtig, daran festzuhalten, dass es Gott selbst ist, der unsere Identität – das, was »wir selbst« sind und sein können – sowohl bestimmt als auch ermöglicht: »Nun aber hat *Gott* die Glieder eingesetzt – jedes einzelne von ihnen im Leibe, so wie er gewollt hat« (1 Kor 12,18). Dadurch hat sich für *uns* die Frage zwar noch nicht erübrigt, wer wir – gerade auch in Gottes Augen – nun persönlich sind und wie wir uns entfalten können. Doch werden wir in der Geborgenheit und Zuversicht des »Wir« bei unserer Suche nach uns selbst wesentlich leichter eine Antwort finden.

SIEBENUNDSIEBZIGMAL UNRECHT
ODER LIEBE

Als Glaubende haben wir durchaus nicht immer Recht, wenn wir uns auf das Recht berufen. Denn wir sind von Christus nicht nur zum Einhalten des *Rechtes*, sondern vielmehr zur Verwirklichung der *Liebe* aufgerufen (Mt 5,38–48; 22,34ff.; Joh 13,34f.).

Das Recht kann Unrecht begrenzen und den Rechtszustand wiederherstellen, indem es dem Geschädigten den angemessenen Ersatz für den erlittenen Schaden zuspricht und ihn zu seinem Recht kommen lässt. Auf diese Weise ist das Recht eine entscheidende Hilfe für die, die im Recht sind. Aber was wird aus denen, die nach dem Recht im Unrecht sind?

Wir Menschen sind grundsätzlich darauf angewiesen, nicht nur unser Recht zu erhalten, sondern darüber hinaus Liebe und Vergebung zu erfahren, wo wir uns selbst durch unser Verhalten ins Unrecht gesetzt haben. Da wir auf diese bedingungslose Zuwendung aber keinen rechtmäßigen Anspruch haben, kommt Versöhnung stets dadurch zustande, dass unser Gegenüber nicht auf seinem Recht beharrt, sondern uns auf der Ebene der Liebe aus unserem Unrecht befreit und damit die Gemeinschaft mit uns wiederherstellt.

Durch unseren Glauben sind wir damit vertraut, die Liebe und Vergebung Gottes immer wieder als Geschenk zu empfangen. Denn Christus hat selbst nicht auf sein Recht bestanden (vgl. Phil 2,5ff.), sondern ist bereit gewesen, unser Unrecht am eigenen Leibe zu erfahren, damit wir aufgrund seiner bedingungslosen Liebe in der neuen Gemeinschaft mit Gott leben können. In dieser Gemeinschaft – also »*in* Christus« – sollen wir befähigt werden, nun auch selbst anderen Menschen auf der Grundlage der Liebe – also »*wie* Christus« – zu begegnen.

Dieses an der Liebe orientierte Verhalten lässt sich anhand der Aussagen über die Vergeltung vielleicht am eindrücklichsten verdeutlichen. Wenn Lamech – als Repräsentant menschlicher Unversöhnlichkeit – in seinem Rachegesang (1 Mose 4,23f.) androht, sich für erfahrenes Unrecht nicht nur siebenmal, sondern sogar siebenundsiebzigmal zu rächen, befindet er sich auf der Ebene des Unrechts, weil er die erlittene Ungerechtigkeit mit unverhältnismäßig größerem Unrecht beantwortet. Im Vergleich dazu wird die Beschränkung auf die einfache Vergeltung – »Auge um Auge, Zahn um Zahn ...« (2 Mose 21,23-25) – schon als Recht empfunden, denn sie gestattet den angemessenen Ausgleich und begrenzt das Unrecht.

Durch sein eigenes Verhalten und seine Lehre leitet uns Jesus Christus allerdings zu einem Leben jenseits von Unrecht und Recht an, indem er uns auf seine Liebe verpflichtet (Joh 13,12–15.34f.; 15,12–17). Der unentwegte, alltägliche Kreislauf des menschlichen Unrechts soll durch das Verhalten seiner Jünger nicht nur rechtmäßig begrenzt, sondern ganz konkret durch Vergebung unterbrochen und durch Liebe überwunden werden. Durch den Verzicht auf Vergeltung und auf das Nachtragen von Schuld sollen wir als Gottes Kinder Frieden – d. h. umfassende Gemeinschaft – stiften (Mt 5,9).

Die prinzipielle Bereitschaft, nicht nur die Ebene des Unrechts zu meiden, sondern aus Liebe auch über die Ebene des eigenen Rechtsanspruches hinauszugehen, spiegelt sich auch in der Frage des Petrus wider: »Herr, wenn mein Bruder an mir schuldig wird, wie oft soll ich ihm vergeben? Bis zu siebenmal?« Wenn Jesus darauf erwidert: »Ich sage dir, nicht bis siebenmal, sondern bis siebenundsiebzigmal (oder: siebzigmal siebenmal)«, macht er allerdings deutlich, dass in einer Welt, die nach wie vor von Lamechs Geist der unbegrenzten Vergeltung und Rechthaberei bestimmt ist, nur eine ebenso unbegrenzte Liebe eine angemessene Antwort darstellen kann (Mt 18,21f.).

WIE EIN TROPFEN AUF DEN
HEISSEN STEIN?

Auch ohne uns vorher über die eigenen Möglichkeiten Illusionen gemacht zu haben, erleben wir
im aufreibenden Alltag wohl immer wieder Phasen
der Entmutigung, der Niedergeschlagenheit und der
Selbstzweifel. Vom sichtbaren Ergebnis her gesehen
scheint es dann letztlich egal zu sein, ob wir uns
engagieren oder untätig bleiben. Was lässt sich an
den kirchlichen, sozialen und politischen Verhältnissen mit unserem Einsatz schon ändern? Wie viel
Aufwand erfordert es, auch nur einem einzigen Menschen konkret und wirksam zu helfen! Unterlaufen
uns trotz bester Absichten nicht gerade beim Bemühen um andere Menschen immer wieder entscheidende Fehler, die noch zusätzliche Probleme schaffen?

In solchen Situationen drängt sich uns nicht selten
der deprimierende Vergleich des eigenen Engage-
ments mit dem schon sprichwörtlichen »Tropfen auf
den heißen Stein« auf. Aber wäre es in diesem Fall
nicht hilfreicher, an die Oase in der Wüste zu denken? Die Größenverhältnisse mögen zwar bei beiden
Bildern gleich sein, die Auswirkungen aber sind
grundverschieden zu beurteilen. Während der Tropfen auf dem heißen Stein spurlos und nutzlos ver-

dampft, kann eine noch so kleine Oase in der Wüste die letzte Rettung bedeuten – für den, der darauf angewiesen ist.

Das, was wir für andere Menschen tun, ist nicht sinnlos – und zwar nicht erst vom befriedigenden Ergebnis her gesehen, sondern *grundsätzlich*, weil wir es jeweils mit konkreten Menschen zu tun haben. Vielleicht sollten wir uns öfter vor Augen halten, wie sich unser eigenes Leben wohl entwickelt hätte, wenn sich die Menschen, die uns positiv prägten und uns Entscheidendes vermittelten, von ihrer Zuwendung und ihrer Hilfsbereitschaft hätten abhalten lassen.

So wäre es wohl angemessener, wenn wir uns bei unserer Beschäftigung mit Menschen weniger vom Gedanken des »Erfolges« leiten ließen und uns stärker an der *Notwendigkeit* und *Wesentlichkeit* unserer Aufgaben orientierten. Gebraucht wird unser Engagement in Gemeinde und Gesellschaft nicht so sehr in Situationen, die Bestätigung und Anerkennung versprechen – da drängeln sich in der Regel schon genug andere –, sondern vor allem da, wo sichtbare Ergebnisse und greifbare Erfolge nicht in Aussicht stehen.

Das heißt nicht etwa, dass wir als Christinnen und Christen immer »den unteren Weg gehen« müssten, uns prinzipiell mit unscheinbaren Beschäftigungen zu begnügen hätten und verantwortliche und einflussreiche Positionen nicht wahrnehmen sollten.

Vielmehr geht es darum, dass wir uns bei der Tätigkeit, die wir als unsere Aufgabe erkannt haben, in unserer Identität und Zufriedenheit nicht abhängig machen von der Bestätigung durch Anerkennung und Erfolg.

DIE STÄRKE DER SCHWACHHEIT

Es ist durchaus verständlich, wenn wir als Glaubende so vom Glauben reden, dass vor allem die positiven und angenehmen Seiten unserer neuen Existenz zur Geltung kommen. Allerdings sollten wir nicht – im missionarischen Überschwang – den Eindruck erwecken, als wären mit dem Glauben alle menschlichen Probleme wie von selbst gelöst. Denn wenn wir in der gut gemeinten Absicht, Hoffnung und Interesse zu wecken, durch unsere einseitige Darstellung nur Illusionen und falsche Erwartungen auslösen, haben wir unserem Gegenüber und dem Evangelium einen schlechten Dienst erwiesen.

Die Illusion ist nämlich selten die Vorstufe zur berechtigten Hoffnung, sondern in aller Regel gerade ihr Gegenteil. Der Gegensatz ist deshalb so tief, weil die Illusion aufgrund ihrer unrealistischen Voraussetzungen nicht zu ihrer Erfüllung, sondern ausschließlich zu ihrem Ende und ihrer Auflösung kommen kann. Auf das schmerzliche Ende unserer »Täuschungen« aber reagieren wir erfahrungsgemäß nicht mit Zuversicht, sondern eben mit »Enttäuschung« – d. h. zunächst mit Hoffnungslosigkeit.

Insofern ist es nahe liegend, von unserer Hoffnung nicht nur im Zusammenhang der Stärke und des Erfolges zu sprechen, sondern genauso – wenn nicht um der Eindeutigkeit willen sogar: vor allem – unter Hinweis auf unsere Schwachheit und unsere menschlichen Grenzen. Natürlich fällt es uns viel leichter, das hervorzuheben, was neben dem Evangelium – ganz nebenbei und unverfänglich – auch uns als Zeuginnen und Zeugen noch in einem günstigen Licht erscheinen lässt. Doch entpuppt sich unsere Schwäche, immer stark sein zu wollen, gerade auf diesem Hintergrund als eine wirklich »unrühmliche« Schwachheit.

Was einen zuverlässigen Zeugen ausmacht, ist allein seine Wahrhaftigkeit und Offenheit – und nicht etwa die Fähigkeit, sich selbst ins rechte Licht zu setzen. So lenken wir durch vorgespieltes Glück und demonstrierte Stärke nicht nur in unzulässiger Weise von der Sache ab, sondern verdrehen geradezu das eigentliche Anliegen des Glaubens. Das Evangelium gibt ja nicht darüber Auskunft, wie Menschen sich endlich den unheilvollen Wunsch erfüllen können, selbst so zu sein »wie Gott«, sondern es verkündet uns, dass wir in der Gemeinschaft mit dem einen Gott zu wirklich »menschlichen Menschen« werden können. Denn wenn wir Gott – und ihn allein – in unserem Leben Gott sein lassen, werden wir frei davon, auf Kosten anderer und zum eigenen Schaden etwas zu spielen, was wir gar nicht sind. Indem wir uns nicht ständig nur an unserer Begrenztheit stoßen müssen, sondern die Möglichkeiten kennen lernen, die innerhalb unserer Grenzen liegen, entfalten wir erst unsere wahre Stärke, die sich nicht zuletzt im reifen Umgang mit der eigenen Schwachheit äußert.

Entsprechend darf es uns nicht wundern, dass uns Gott nicht unterstützt, wenn wir den Glauben lediglich als eine neue Form unseres alten »Feigenblattes« in das gewohnte Leben einbeziehen wollen. Gott kann unsere Gebete nicht erhören, wenn es bei unseren Bitten letztlich darum geht, dass wir als isoliertes »Ich« und ohne ihn als »Du« das werden wollen, was wir gerade in Gemeinschaft mit ihm – im »Wir« des Glaubens – leben und erleben sollen.

Wenn wir jedoch verstehen, dass es Gott nicht um unsere Stärke und unsere Leistungen, sondern um uns selbst geht, und wenn wir erkennen, dass Christus nicht nur durch unsere Fähigkeiten und Gaben, sondern durch *uns* – in unserem Angewiesensein auf Liebe – wirken will, erfahren wir eine ganz neue Stärke, die nirgends eindeutiger zu greifen ist als in unserer Schwachheit.

2. Korinther 12,9f.: »Er (Christus) hat mir (Paulus) gesagt: Meine Gnade reicht für dich aus – du brauchst nichts weiter als meine Gnade, denn (meine) Kraft ist in der Schwachheit vollendet – und kommt in der Schwachheit an ihr Ziel! So will ich mich nun sehr gerne um so mehr meiner Schwachheit ›rühmen‹, damit die Kraft Christi bei mir wohne. Deshalb bin ich zufrieden und bejahe meine Schwachheiten – die

Misshandlungen, die Nöte, die Verfolgungen und Bedrängnisse um Christi willen; denn wenn ich schwach bin, dann bin ich stark« (s. Phil 4,11–13; Röm 5,1–5 und zum Rühmen der Schwachheit 10,8.17; 11,16ff. 30; 12,5).

hänssler

Bücher von Hans-Joachim Eckstein:

Eine Trilogie zu den drei Wesensmerkmalen christlicher
Existenz bilden die folgenden Bücher mit Gedanken,
Gedichten und Meditationen:

Ich habe meine Mitte in Dir
Schritte des Glaubens
Zu den Themen: *Glaube* und *Alltagsbewältigung*
Hc.; 128 S., Nr. 393.538, ISBN 3-7751-3538-3

Du liebst mich – also bin ich
Gedanken – Gebete – Meditationen
Zu den Themen: *Liebe* und *Persönlichkeitsentfaltung*
Hc.; 160 S., Nr. 393.633, ISBN 3-7751-3633-9

Du hast mir den Himmel geöffnet
Perspektiven der Hoffnung
Zu den Themen: *Hoffnung* und *Lebensgestaltung*
Hc.; 176 S., Nr. 393.787, ISBN 3-7751-3787-4

Bitte fragen Sie in Ihrer Buchhandlung nach diesen Büchern!
Oder schreiben Sie an den Hänssler Verlag, D-71087 Holzgerlingen.

Glaube, der erwachsen wird
Hc., 112 S., Nr. 393.836, ISBN 3-7751-3836-6
Wenn der Glaube erwachsen wird, sucht er nach einer neuen, reifen Ursprünglichkeit, die zum Leben befähigt und den kritischen Rückfragen standhält.

Lass uns Liebe lernen
Briefe, Gebete und Meditationen
Hc.; 112 S., Nr. 393.599, ISBN 3-7751-3599-5
Was hat erotische Liebe mit Gott zu tun?
Die persönlichen Gedanken regen dazu an, die Erfahrungen und Möglichkeiten der partnerschaftlichen Liebe wie auch des Glaubens neu zu entdecken.

Bibel-Anstreichsystem
Mit Verzeichnis biblischer Begriffe
Gh., 32 S., Nr. 391.442, ISBN 3-7751-1442-4
Eine ideale Hilfe fürs Bibellesen. Die wichtigsten Bibelstellen zu 67 zentralen Begriffen und Themen. Mit Anregungen zu einer systematischen Kennzeichnung von Kernstellen durch Farben und Symbole.

Bitte fragen Sie in Ihrer Buchhandlung nach diesen Büchern!
Oder schreiben Sie an den Hänssler Verlag, D-71087 Holzgerlingen.